宗教改革者

教養講座「日蓮とルター」

佐藤 優

角川新書

新書版まえがき――信仰即行為こそ、改革者の本質である

現下の日本が危機的状況にあるという認識は広く共有されている。特に、二〇二〇年一月末からわが国でも深刻化した新型コロナウイルスによる肺炎（ＣＯＶＩＤ－19）、その感染拡大が脅威をもたらしている。

これには四つの要因がある。まず、第一に新型コロナウイルス自体がもたらす脅威だが、致死率で判断した場合、季節性インフルエンザと比較して大きな脅威とはいえない。ちなみに、日本国内での季節性インフルエンザによる年間の死者数は、二〇一七年が二五六九人、二〇一八年が三三二五人、二〇一九年が一月から九月までで三三五二人だ。第二は国際社会の受け止めで、第三は経済に与える影響、第四は国民心理に与える不安だ。

三月五日、安倍《あべ》晋三《しんぞう》首相は、新型コロナウイルス感染症対策の一環で、中国（香港・マカオを含む）と韓国からの入国を制限する新たな措置を発表した。両国向けの発行済みの査証（ビザ）の効力を停止する。両国からの入国者は、日本人を含めて全員、検疫所長が指定す

る場所で二週間待機してもらうことと、公共交通機関を使用しないことを要請する。この措置は九日からとられた。さらに、中韓と日本を結ぶ航空便の到着を成田《なりた》、関西の二空港に絞り、旅客船舶運送を停止することも要請した。その結果、日本と中韓の間では、人と物の移動が著しく困難になった。これから経済的に深刻な悪影響が出てくる。

国民心理に関しても、商店ではマスクだけでなく、トイレットペーパー、ティッシュペーパー、カップ麵《めん》、米なども一時、品薄になった。日本人がアトム（原子）のようにばらばらになってしまい、国も社会も信用できないので自分の力で家族を守らなくてはならない、という不安心理に駆られて買い占めに走る人が現れたのだ。

このような危機的状況から抜け出すために重要なのが、先人の知恵から学ぶことだ。本書では、マルティン・ルターと日蓮《にちれん》という二人の宗教改革者を取り上げた。詳しくは本書を読んでいただきたいが、「新書版まえがき」で筆者の問題意識を明確にしておく。

筆者はプロテスタントのキリスト教徒だ。筆者の問題意識は、明治から昭和にかけて活躍した無教会派のキリスト教徒・内村鑑三《うちむらかんぞう》（一八六一～一九三〇年）に連なる。

内村が一九〇八（明治四一）年に英語で上梓《じょうし》した『代表的日本人《だいひょうてきにほんじん》』（Representative Men of Japan）は、ユニークな偉人列伝だ（筆者注・一八九四年の"Japan and Japanese"は西郷隆盛《さいごうたかもり》と日蓮しか書かれておらず、西郷の評価も変化しているため、別の本と認識している）。日露《にちろ》戦争（一九〇四～〇五年）に勝利した後の日本が、帝国主義クラブの後発メンバーとして熾烈《しれつ》な国際競争の中で生き残っていくにはどうしたらよいか、という問題意識で書かれている。内村は、西郷隆盛、上杉鷹山《うえすぎようざん》、二宮尊徳《にのみやそんとく》、中江藤樹《なかえとうじゅ》、日蓮の五人を取り上げている。五人はいずれも改革思考を持った勤勉な人たちだ。プロテスタントのキリスト教徒である、内村の価値観が反映された人選だ。

内村は宗教改革者としての日蓮を、特に高く評価している。

> ルターにとってキリスト教の聖書が尊いのと同じように、法華経は日蓮にとり尊いものでした。
>
> 「我が奉ずる経のために死ぬことができるなら、命は惜しくない」
>
> とは日蓮が度重なる危機に直面した折に口をついて出た言葉でした。ある意味では私どものルターと同じく、日蓮も聖典崇拝者であったのかもしれません。聖書はたしかに、あらゆる偶像や権力にまさって尊い崇拝対象であります。一書のために死をいとわない人は、多くのいわゆる英雄にまさる尊い英雄であります。
>
> （内村鑑三『代表的日本人』岩波文庫、一九九五年、一七四頁）

日蓮の法華経《ほけきょう》に対する姿勢を、内村はプロテスタンティズムの「聖書のみ」という原理の仏教版と見ている。日蓮は偉大な宗教改革者なのだ。

日蓮を非難する現代のキリスト教徒に、自分の聖書がほこりにまみれていないかどうか、調べてもらいましょう。たとえ聖書の言葉が毎日口にされ、それからじかに霊感を与えられているとしても、自分の派遣された人々の間に聖書が受容されるために、一五年間にもおよぶ剣難や流罪に堪えうるでしょうか。聖書のために、身命をも懸けることができるでしょうか。このことを自分に尋ねてみてほしいのであります。聖書は、他のいかなる書物にもまして、人類の改善に役立ってまいりました。それを所持している人たちが、日蓮を石で打つなど、決してあってはならないことであります。

(前掲書、一七五頁)

日蓮について研究せずに非難するキリスト教徒の姿勢を、内村はこのように厳しく批判する。

今日、日蓮系の教団でもっとも強い影響を持つのが創価学会《そうかがっかい》だ。筆者は、創価学会や池田《いけだ》大作《だいさく》創価学会第三代会長の思想についても論考を発表している。同志社大学神学部出身の牧師から「なぜ、他宗である創価学会の研究にエネルギーをかけるのか。あなたの時間は、キリスト教神学の研究と教会の宣教のために使うべきではないか」という批判を受けることがある。そのときに、筆者は「聖書は、他のいかなる書物にもまして、人類の改善に役立ってまいりました。それを所持している人たちが、日蓮を石で打つなど、決してあってはならないことであります」という内村の言葉を紹介している。

新型コロナウイルス対策についても、プロテスタントのキリスト教徒よりも、創価学会を支持母体とする公明党の国会議員と地方議員（そのほとんどが創価学会員である）の方が、ずっと熱心に取り組んでいる。彼ら、彼女らの行動の背景に、宗教改革者としての信念があることを読み取れないようではキリスト教徒として情けない、と筆者は考える。

さて、内村にとって重要な価値は、Jesus（イエス）とJapan（日本）という「二つのJ」だ。だからこそ、日本を国難から救う目的で書かれた『立正安国論《りっしょうあんこくろん》』を高く評価する。さらに、仏教を日本に土着化させた点でも日蓮を高く評価する。

私ども日本人のなかで、日蓮ほどの独立人を考えることはできません。実に日蓮が、その創造性と独立心とによって、仏教を日本の宗教にしたのであります。他の宗派が、いずれも起源をインド、中国、朝鮮の人にもつのに対して、日蓮宗のみ、純粋に日本人に有するのであります。

(前掲書、一七六頁)

さらに日蓮は、世界的視座で仏教の未来を展望した。特に重要なのは、仏教が日本からインドに向かっていくという仏法西還だ。

日蓮の大望は、同時代の世界全体を視野に収めていました。仏教は、それまでインドから日本へと東に向かって進んできたが、日蓮以後は改良されて、日本からインドへ、西に向かって進むと日蓮は語っています。これでわかるように、受け身で受容的な日本人にあって、日蓮は例外的な存在でありました。——むろん、日蓮は、自分自身の意志を有していましたから、あまり扱いやすい人間ではありません。しかし、そういう人物にしてはじめて国家のバックボーンになるのです。これに反して、愛想よさ、柔順、受容力、依頼上手とかいわれるものは、たいてい国の恥にしかなりません。改宗業者たちが、母国への報告に「改宗者」数の水増しをするためにだけ役立つものであります。

（前掲書、一七六〜一七七頁）

筆者は、内村の日蓮観に共感を覚える。しかし、このような日蓮観を理解する人は、日本のキリスト教徒の中では少数派だ。ただし、本書を読んでいただければ、宗教改革者としての日蓮の偉大さが理解してもらえると思う。日蓮において、信仰と行為は分離されていなかった。これはルターと共通する。一五二〇年に公刊された『キリスト者の自由』において、ルターはこのような指摘をしている。

善い義（筆者注・ただ）しい行為が決してもはや善い義しい人をつくるのではなく、反対に善い義しい人が善い義しい行為をなすのである。次には、悪い行為がもはや決して悪い人をつくるのではなく、悪い人が悪い行為を生ずるのである。つまりどんな場合にも人格が、あらゆる善い行為にさきだってあらかじめ善且つ義しくなければならないのであり、善い行為がこれに従い、義しい善い人格から生ずるのである。

（マルティン・ルター著、石原謙《いしはらけん》訳『新訳　キリスト者の自由・聖書への序言』岩波文庫、一九五五年、三六〜三七頁）

正しい信仰を持つ人は、それを行為から切り離すことができない。信仰即行為なのだ。ルターや日蓮に倣う改革者が増えることが、日本が危機から脱出するためには不可欠である、と筆者は考えている。

本書を上梓するにあたっては、株式会社ＫＡＤＯＫＡＷＡの岸山征寛《きしやまゆきひろ》氏にたいへんお世話になりました。どうもありがとうございます。

二〇二〇年三月一七日、曙橋《あけぼのばし》（東京都新宿区）の書庫にて

佐藤《さとう》　優《まさる》

目次

ンからすると靖国神社に英霊はいない／信仰をめぐる全実存をかけた戦いはある／「百王説」をめぐる慈円と北畠親房の考え／日蓮は批判的視点を持っていた／池田大作の解説と森友学園問題／共産党も共和制を論じない／厳格な父を怖れたルター／「イデア」を登場させた『騎士団長殺し』／免罪符は『闇金ウシジマくん　Ｐａｒｔ３』の手口と同じだ／中世の信徒たちはワインを口にできなかった／火あぶりの刑に処せられたフス／ルターはフスと同じ歩みを自覚していた／村上春樹を欧米人が読んで意外感がない理由／ルターを尊敬していたのはヒトラーだった／「聖なるもの」は神だけ、「聖職者」は存在しない／ルターの特徴は此岸的であること／映画『沈黙―サイレンス―』をプロテスタント的に語る／宗教は似ているところほど、どこも面倒である／ルターの教えと「ルター派」は違う／使徒パウロの教えとの連続性を重視したルター／キリスト教の「教祖」はイエス、キリスト教の「開祖」はパウロ／日蓮もルターも言葉をとても大切にした／未完の思想に苦悶は表れている／宗教改革は過去の歴史ではなくいまも生きている／浄土真宗はプロテスタント的というよりもカトリック的／宗教を正確に見なければ、現実の政治と社会の動きは見えてこない

第三講　日本と革命……187

まえがき――日本外交は完全に敗北した

本書は、私の強い危機意識から生まれた作品である。このままでは日本が急速に弱体化してしまうという危機意識が、同世代（私は一九六〇年生まれなので、この世代の官僚や国会議員が国家の中枢を占めている）の政治エリートと較べて強い。それは、私が日本の外交官としてモスクワの日本大使館に勤務しているときにソ連崩壊（一九九一年）に遭遇しているからだ。国家の崩壊は、あっという間に起きる。わが日本にもその兆候がある。真理は具体的なので、北朝鮮情勢に即して考えてみよう。

二〇一八年四月二〇日、北朝鮮の首都平壌《ピョンヤン》で行われた朝鮮労働党中央委員会総会で金正恩《キムジョンウン》氏は、五月末から六月初めに予定されている米朝首脳会談を念頭に置いて重要なメッセージを出した。

北朝鮮政府が事実上運営するウエブサイト「Naenara（ネナラ）」がこのような報道を行った。

〈朝鮮労働党委員長同志は、核開発の全工程が科学的に、順次的に行われ、運搬打撃手段の開発やはり、科学的に行われて核の兵器化の完結が検証された条件の下で、今やわれわれにいかなる核実験と中・長距離、大陸間弾道ロケット試射も不用となり、それによって北部核実験場も自己の使命を果たしたと強調した。

われわれの力をわれわれが求める水準にまで到達させ、わが国家と人民の安全を頼もしく保障できるようになった基礎の上で、人類の共通の念願と志向に合致するように核兵器なき世界の建設に積極的に寄与しようとするわが党の平和愛好的立場について明らかにした。〉

（四月二一日「Naenara（ネナラ）」日本語版）

核実験に成功し、中・長距離弾道ミサイルとＩＣＢＭ（大陸間弾道ミサイル）の開発も完成したので、もはや核実験も弾道ミサイル発射も必要はない、という認識を金正恩氏は示した。

実際には、大気圏への再突入が可能なＩＣＢＭ技術を北朝鮮は獲得しておらず、弾道ミサイルに搭載可能な核兵器の小型化に成功しているかどうかも定かではない。しかし、ＩＣＢ

Mの試射を止めれば、米大陸に北朝鮮の核ミサイルが到達する可能性はなくなる。これは、米国にとって、北朝鮮の脅威が除去されることを意味する。この条件で、米国のトランプ大統領が金正恩氏と妥協する可能性が出てきた。

トランプ大統領は、金正恩氏のこの発言を手放しで歓迎している。

〈「北朝鮮と世界にとってとても良いニュース。大きな前進だ！　我々の首脳会談を楽しみにしている」

トランプ米大統領は20日夕、自身のツイッターで、北朝鮮が核実験中止と核実験場の閉鎖に「同意した」と手放しで喜んでみせた。

トランプ氏が高揚感を隠さないのは、自身の指導力により北朝鮮が譲歩を示した、とアピールしたいからだ。米朝首脳会談では「自分がディール（取引）をまとめた」と言える成果が欲しいのが本音。11月には政権の信認が問われる中間選挙があり、「歴代政権ができなかったことを成し遂げ、実績を強調する狙いがある」（米政府元当局者）。〉

（四月二一日「朝日新聞デジタル」）

北朝鮮が近距離と主張する弾道ミサイルでも、日本に到達する可能性は十分にある。北朝鮮は現在一二個ほどの核爆弾を持っている、と想定されている。これらの核爆弾を北朝鮮が直ちに廃棄するとは思えない。米朝首脳会談の結果、日本は北朝鮮の核ミサイルの脅威にさらされる状態を固定化される危険がある。

このような状況を踏まえて、日本はどのような対処をすればいいのだろうか。

ここで重要なのは、国際政治の文法だ。脅威は、意思と能力によって形成される。米国は、日本を完全に破壊するだけの核兵器と運搬手段を持っている。七十数年前に日米は生きるか死ぬかの戦争をした。米国は、広島と長崎に原爆を投下した。このような過去の経緯があるにもかかわらず、われわれは米国の核兵器を脅威と考えていない。なぜなら、米国が日本を攻撃する意図を持たないからだ。

ロシアとの間に日本は北方領土問題を抱えている。ロシアも日本を核兵器によって完全に破滅させる能力を持っている。それにもかかわらず、われわれはロシアの核に怯《おび》えていない。それはロシアが日本に核攻撃を加える意図を持っていないからだ。中国の軍事力増強は日本にとって、潜在的な脅威である。しかし、中国の日本に対する核の脅威はない。中国が日本を攻撃する意思を持たないからだ。

北朝鮮が日本を射程圏内に収める核能力を獲得したならば、われわれの選択肢は理論的には二つ、現実的には一つしかない。

理論的には、北朝鮮の核能力を除去することと、北朝鮮に日本を核攻撃する意思をなくさせることだ。

前者については、第二次朝鮮戦争を誘発する。しかも、米国が武力行使をしない限り、北朝鮮の核能力を物理的に除去することは不可能だ。米国のトランプ政権に北朝鮮と武力対峙《たいじ》する意思はない。そうなると、日本が取ることができる選択肢は、北朝鮮が日本を攻撃する意思をいかになくさせるかということだ。

今後、日朝国交正常化を視野に入れた外交交渉と経済協力が行われることになるだろう。北朝鮮に対する制裁と圧力を唱えていた日本外交は完全に敗北したのである。


このような状況を冷静に認識するためには、思想的訓練が必要だ。その場合、国際政治学や外交史のような、現実に近すぎる学知はあまり役に立たない。ステレオタイプにとらわれているからだ。そこで私が考えたのは、東西の二人の宗教改革者から学ぶことだ。日蓮《にちれん》（一二二二～八二年）とマルティン・ルター（一四八三～一五四六年）の二人だ。

この二人は、生きた時代が異なるし、活動した場所も異なる。しかし、それは事柄の本質に鑑《かんが》みた場合、本質的な差異ではない。重要なのは、日蓮もルターも時代に対する強い危機意識を持っていたことだ。テキストも絞り込んだ。日蓮は『立正安国論《りっしょうあんこくろん》』、ルターは『キリスト者の自由』を用いた。本書では、日蓮とルターの内在的論理を掘り下げるとともに、日蓮の立場から見たルター、ルターの立場から見た日蓮という形で相互批判を試みた。

日蓮もルターも、たいへんに魅力的な思想家だ。特に二〇世紀において、この二人の宗教改革者は、宗教の世界にとどまらず、現実の社会運動と政治にも大きな影響を与えた。

日蓮の場合、田中智學《たなかちがく》によって創設された国柱会《こくちゅうかい》が日本の超国家主義に与えた影響は極めて大きい。特に田中智學の八紘《はっこう》一宇というスローガンは、大東亜共栄圏のイデオロギー的支柱の一つになった。他方、日蓮の系統には牧口常三郎《まきぐちつねさぶろう》が創設した創価教育学会《そうかきょういくがっかい》（創価学会の前身）がある。牧口は太平洋戦争に抵抗し、特高警察に逮捕、勾留《こうりゅう》され、獄中死している。

ドイツでは、アドルフ・ヒトラー（一八八九～一九四五年）を民族の救済主と見なすドイツ・キリスト者という運動に、多くのルター派神学者や牧師が加わった。ヒトラー自身もルターを尊敬していた。もっとも、ルター派でもヒトラーに抵抗する告白教会に加わった神学者や牧師もいる。ヒトラー暗殺計画に加わって絞首刑になったルター派神学者のディートリヒ・ボンヘッファー（一九〇六～四五年）のような人もいた。

日蓮やルターのような宗教改革者の思想を、純粋に、客観的かつ中立的に学ぶことはできない。『立正安国論』や『キリスト者の自由』のテキストを読み解くとき、私たちは自分の立場を明確にすることに迫られるのである。

私が本書を通じて常に留意したのは、どのようにすれば平和を創り出すことができるか、ということだ。外交官や政治家が考える平和は、表層レベルのものだ。宗教者は、より深く平和について考える。

日蓮とルターから〝平和の存在論〟を読者と共に読み解くことを、私は試みたつもりである。

二〇一八年四月二四日

佐藤《さとう》　優《まさる》

第一講　東と西の革命児

「宗教改革」と「信仰分裂」

今回は、これまで私もやったことのない難しいことに取り組みます。それは、二一世紀のいま、この時代の危機を読み解くことです。そのために、二人の人物に焦点を当てます。一人はマルティン・ルターで、もう一人は日蓮《にちれん》です。テキストは、『キリスト者の自由』（岩波文庫）と、『立正安国論《りっしょうあんこくろん》』（講談社学術文庫）になります。

この二つを相互批判的に読んでいきたいのですが、それだけでは、自分の趣味で何をやっているのかという話になってしまうことでしょう。そこで一回目では、二人を取り上げる私の問題意識について、丁寧にお話ししたいと思います。

日本ではさほど扱われていませんが、二〇一七年は、ヨーロッパではすごく重要な年です。なぜか、それは宗教改革の五〇〇周年だからです。

宗教改革はドイツ語で「ルフォルマチオン」、英語では「リフォメーション」。これを日本語で「宗教改革」と言うのは、少し変な訳です。なぜなら、「ルフォルマチオン」「リフォメーション」の本来の意味は、カトリック教会によって曲げられてしまったキリスト教をもう一回建て直す、原点にたち帰れということであり、一種の復興、維新運動だからです。

ちなみに、カトリック教会は「宗教改革」とは言いません。「信仰分裂」と言います。例えば、全一一巻になる『キリスト教史』（平凡社ライブラリー）という優れた本がありますが、この本には宗教改革の巻がありません。本文には宗教改革という言葉は使っていますが、巻の題は宗教改革ではなくて、「信仰分裂の時代」としています。カトリックの立場を表明しているわけです。

トランプ発言の鍵

さて、二一世紀のいま、アメリカ大統領にトランプという人が出てきて、国際情勢はものすごく動き始めました。しかし日本の報道も、実はアメリカの報道も、分析が浅い。それでは、トランプ現象が持っている本当の怖さなり、凄味《すごみ》なりがわかりません。

二〇一七年一月二〇日、トランプがワシントンで大統領就任演説を行いました。この翻訳をいろいろ見ましたが、朝日新聞も毎日新聞も訳ですら、ダメでした。演説の鍵《かぎ》になる部分をトランプの言葉から直接訳さないで、意訳してしまっています。私が見たところ、トランプの言葉を正確に訳しているのはNHKだけでした。今回のNHKのウェブサイトはとても良かったです。

NHKのウェブサイトでは、トランプの発言はこう訳されています。

この瞬間から、アメリカ第一となります。貿易、税、移民、外交問題に関するすべての決断は、アメリカの労働者とアメリカの家族を利するために下されます。
（「トランプ大統領就任演説（日本語訳全文）」NHK NEWS WEB ※現在はリンク切れ）

米国第一主義、アメリカファーストが外交にも適用されることを明確にしたうえで、次のように述べました。

私たちは古い同盟関係を強化し、新たな同盟を作ります。そして、文明社会を結束させ、イスラム過激主義を地球から完全に根絶します。私たちの政治の根本にあるのは、アメリカに対する完全な忠誠心です。そして、国への忠誠心を通して、私たちはお互いに対する誠実さを再発見することになります。もし愛国心に心を開けば、偏見が生まれる余地はありません。

聖書は『神の民が団結して生きていることができたら、どれほどすばらしいことでしょうか』と私たちに伝えています。私たちは心を開いて語り合い、意見が合わないことについては率直に議論をし、しかし、常に団結することを追い求めなければなりません。アメリカが団結すれば、誰も、アメリカが前に進むことを止めることはできないでしょう。そこにおそれがあってはなりません。私たちは守られ、そして守られ続けます。

私たちは、すばらしい軍隊、そして、法の執行機関で働くすばらしい男性、女性に、守られています。そして最も大切なことですが、私たちは神によって守られています。
（前掲サイト）

こういう発言をしている。トランプの今回の発言の鍵は、ここです。

トランプが就任後に聖書を引用したのは初めてだった

犬笛を例に挙げましょう。犬笛は、犬や猫をサーカスで訓練するときにも使います。アマゾンなら、安いものであれば一〇〇円ほどで売っています。犬笛は普通に吹くとピーという音がします。しかし、ネジを調節して周波数を高くすると、犬や猫は可聴域が人間よりも広いため、フーと吹いても人間には全然聞こえませんが、犬や猫は飛び上がる。これが犬笛です。

それと同じように、ふつうに聞き流すとわかりませんが、特殊な訓練を受けている人たちには伝わるメッセージが、今回のトランプ演説には盛り込まれています。犬笛と同じです。では、「トランプの演説における犬笛」は何でしょうか。それは、聖書の引用です。

トランプが大統領に就任して行った演説で、初めて引用した聖書の箇所は次のものです。

How good and pleasant it is when God's people live together in unity
（「トランプ大統領就任演説（英語全文）」ＮＨＫ ＮＥＷＳ ＷＥＢ　※現在はリンク切れ）

就任演説という場所が重要なのです。
トランプが引用したものは英語版で、プロテスタント系のＮＩＶという聖書によっています。しかし、実はヘブライ語の原語からは、かなり離れています。引用元は「詩編」第一三三編の冒頭部分です。

神の民が団結して生きていることができたら、どれほどすばらしいことでしょうか。
（前掲サイト）

ＮＨＫは右記のように訳しましたが、それ以外のメディアは、恐らく「How good and pleasant it is」の箇所をグーグルで検索をかけた。すると、聖書の該当箇所が出てきたので、日本聖書協会の聖書からそのまま訳を引っ張ったのでしょう。
しかし、そういうことをしてはいけません。トランプが言っていることは、普通のアメリカ人にはどのように聞こえているのか。そのような発想で訳さないといけません。だから、ここは直訳しないといけないのです。

「油を注がれた者」

それでは、ヘブライ語から直訳調で訳している日本聖書協会の「新共同訳」をベースにして読んでみます。

そのまえに、教養として覚えておいてください。聖書にはいくつもの翻訳があります。絶対にお薦めしないのは、時々、駅の前などで若い男女が配っている聖書「新世界訳」です。うっかり手にしてしまうと、うちの集会に来なさいと誘われてしまいます。これは「エホバの証人」という特殊な立場の人々が翻訳している聖書であり、あまり聖書の原語を尊重していません。

それから「新改訳」あるいは、「リビングバイブル」というのがあります。これは読むと信仰心が盛り上がるぞ、という雰囲気でつくっている聖書のため、これもお薦めしません。

そこで、「新共同訳」です。なぜ「新」が付いているのか。もともと「共同訳」の聖書というのがあったからです。ただし、「共同訳」には新約聖書しかありませんでした。

もともとは、カトリックとプロテスタント、それぞれの聖書学者が一緒に集まって訳しましょうと言ってつくったものです。ところが、その翻訳があまりにもギリシャ語原典に忠実すぎたため、実際の教会の儀式で使うことができなくなってしまい、カトリック側は困ってしまいました。そこで、改めてカトリックとプロテスタントが協議してつくったのが「新共同訳」聖書です。

以前の経緯から、プロテスタント側がだいぶカトリック側に譲っています。そういう翻訳です。ただし、旧約も新約もきちんとした底本、例えば新約ならば「ネストレ・アーラント第二六版」をベースにした世界聖書協会版から訳しています。

そのため、学術的な意味合い、あるいは現代の知的な一定の水準をクリアしているという意味での聖書であれば、この「新共同訳」がいいのです。

「詩編」第一三三編は、「新共同訳」ではこう書いています。

都に上る歌。ダビデの詩。
見よ、兄弟が共に座っている。
なんという恵み、なんという喜び。

(「詩編」第一三三編一節)

この部分が、演説でトランプが引いたところです。後に続くのは、下記の文です。

かぐわしい油が頭に注がれ、ひげに滴り
衣の襟に垂れるアロンのひげに滴り
ヘルモンにおく露のように
シオンの山々に滴り落ちる。
シオンで、主は布告された
祝福と、とこしえの命を。

（「詩編」第一三三編二〜三節）

ここで「油が頭に注がれ」とあります。これは、ユダヤ教でもキリスト教でもキーワードになっています。王様が即位するとき、あるいは「メシア、救済主」として認められるときに、油を頭に注ぐのです。「油を頭に注がれた人」をギリシャ語に訳すと「クリストゥース」になる。つまり、「キリスト」とは「油を注がれた者」という意味のギリシャ語です。

それから「イエス」とは、例えば日本における太郎や一郎といった、当時のパレスチナでよくある名前でした。その「イエス」という男が「キリスト」である。すなわち「救済主」

であるという、信仰告白なのです。だから「油が注がれる」とあると、これは救済やメシアに関係しているな、と理解できるのです。

シオニズムは共産主義思想と同じ場所から生まれた

「シオン」も出てきました。シオンとはなんでしょうか。「シオンの丘」(「詩編」の新共同訳では「シオンの山々」)はエルサレムの旧市街の外れにあります。シオンの丘に戻ろう、という運動がシオニズムです。

それでは、シオニズムは、どこから生まれてきたのか。一般的には、一九世紀に『ユダヤ人国家』(法政大学出版局)という本を書いたテオドール・ヘルツルが有名です。ヘルツルは確かにシオニズム運動のさきがけでしたが、ヘルツルよりも重要なルーツがあります。

舞台となるのは、一八四〇年代のパリ、あるいはブリュッセル。そうした都市の屋根裏部屋に、何人かの青年が集まっていました。中心になったのは、カール・マルクス、フリードリヒ・エンゲルス。さらに、もう一人いました。そのもう一人が親分格であったモーゼス・ヘスという人物です。

マルクスといえば共産主義、マルクス主義の祖とイメージされています。少しマルクスを知っている方であれば、マルクスにはエンゲルスという盟友がいて、マルクス主義は二人の協同でつくりあげたということは知っています。しかし、初期のマルクスやエンゲルスに影響を与えたのは、モーゼス・ヘスだったのです。モーゼス・ヘスは、やがてマルクスやエンゲルスの共産主義から離れ、シオニズム運動の祖になりました。彼はヘルツルに先んじています。

世界というのは面白いものです。一九世紀半ば、マルクスやエンゲルスがフランスやベルギーの屋根裏部屋で考えた共産主義思想が、やがてドイツで強い影響力を持つようになりました。そして、二〇世紀にはロシア革命を引き起こすことになりました。一九一七年にロシア革命が起きてから、二〇一七年は百年となります。一九九一年にソ連は崩壊しましたが、それこそ世界を七四年間にわたって大混乱に陥れ、そして自壊していったとも言えるでしょう。

マルクスやエンゲルスと同じ場所に一時期は一緒にいたモーゼス・ヘス。その同じ場所にいた人物から生まれ出た、もう一つの思想がシオニズムなのです。シオニズム思想は二〇世紀半ば、一九四八年にイスラエルという国家を築き上げるとともに、アメリカに決定的かつ重要な影響を与えました。いまや陰りがあるとはいえ、世界で唯一の超大国であるアメリカをつき動かす思想になったわけです。

東京大学の科学哲学の教授で、マルクス主義哲学の研究でも重要な業績を上げた廣松渉《ひろまつわたる》という人がいました。廣松は『エンゲルス論―その思想形成過程』（盛田書店）という本を書いています。この本が彼の実質的なデビュー作です（一九六八年六月に論文集『マルクス主義の成立過程』を刊行。一〇月に初の書き下ろし作品として『エンゲルス論』を刊行した）。誰か思想家、あるいは作家が何を考えているかを知りたければ、最初の作品を見ればだいたいわかります。最初の本に、すべて埋め込まれているからです。例えば私であれば、デビュー作は『国家の罠《わな》』（新潮文庫）です。この本の中に、私がその後書くことになる要素がすべて埋め込まれているわけです。そういう意味で、スタートの作品はとても重要です。

廣松の『エンゲルス論』は面白い本です。日本では普通にはなかなか勉強できない、初期の共産主義から分かれていったシオニズム、ユダヤ思想の流れについてウェイトを置いて論じているからです。

イスラエルと全世界のユダヤ人に対するメッセージ

さて、トランプの演説に話を戻しましょう。この就任演説から明らかなように、トランプは、たいへん強い親イスラエル感情を持っています。「詩編」第一三三編に触れることで、ヤーウェ、すなわちユダヤ教、キリスト教の神さまの教えに基づく世界支配は、シオンの丘（イスラエル）から広がっていくのだと告げているのです。

つまりトランプは、ダビデ王を理想としたメシアニズムをそのまま受け入れます、と言っている。イスラエルと全世界のユダヤ人に対し、「私はあなたたちと価値観を共有していますよ」というメッセージを発信しています。その結果、何が起きてくるかというと、アメリカ大使館のテルアビブからエルサレムへの移設です。これは大変なことです。

一九六七年に第三次中東戦争がありました。なお、アメリカやイスラエルでは、そういう言い方はしません。「六日戦争」と言います。また、第一次中東戦争のことを「独立戦争」、第二次中東戦争のことをアメリカは「スエズ戦争」、イスラエルは「シナイ作戦」と言います。第三次中東戦争は「六日戦争」、第四次中東戦争は「ヨムキプール戦争」です。ヨムキプールのお祭りの日だったからです。つまり、ワーディングを見るだけで、その人がどういうスタンスに立っているかということがわかるということです。もし日本で「六日戦争」という表現をする人がいれば、それはイスラエル寄りということです。

この六日戦争まで、エルサレムの町は東と西に分かれていました。実は当時、ベルリンだけではなく、エルサレムにも、鉄条網みたいなものですが壁がありました。東エルサレムと西エルサレムの境界線のあいだにはゲートがありました。いま、エルサレムに行くとそのゲート跡が残っています。

一九六七年の戦争でイスラエルは東エルサレムを占領し、そのあと併合してしまいます。

そして一九八〇年に「一体となったイスラエルの首都ですから、どの国もみんなエルサレムに大使館を置いてください」と首都宣言まで行ったのです。それに対して、世界の国々も国連も、とんでもない暴力的な併合であり、国際法違反だと非難決議を出しました。一九七〇年代までは十数ヵ国の小さい国々がエルサレムに大使館を置いていましたが、みんな逃げ、エルサレムには大使館を置かなくなって現在に至っているわけです。

ところがアメリカの議会は、一九九五年に自国の大使館をエルサレムに移転するという法律を採択しました。これは、日本ではあまり報道されていません。だから今回、トランプが何か新しいことをすると騒いでいました。「そのようなことをして、議会の賛成が得られるか」などとトンチンカンなことを言っているアメリカ専門家を名乗る人もいますが、まったく的外れです。

一九九五年に大使館を移す法律はできました。しかし、代々の大統領は半年ごとの延期を認める条項を利用し、「この法律を実行するのは半年待ってください」と言ってきたのです。エルサレムにアメリカ大使館を移設したら大変な騒動になる。だから半年に一回ずつ、歴代の大統領が「待ってください」と延期してきました。

それを、トランプは「自分は待ってくださいとは言いません」としました。そうすると、二〇一七年の五月半ばで、「待ってください」の期限が切れます。もし議会がそれをいやならば、法律をつくり直せという話になるわけです。トランプは「私は民意を尊重しています。だから、民意を反映した議会の主張を尊重します。だから、議会が決めたとおりにやってください」と言っているわけです。

通常、こういう事態におちいったときには、予算措置でストップすることが多い。アメリカも財政は楽ではありません。これからエルサレムに大使館をつくるには、大変なお金がかかります。だから、少し待ってくださいといえばいい。ところが、これも通用しない。なぜなら、エルサレムにはすでに巨大なアメリカの総領事館があるからです。そのため、大使館を移設するといっても、実際にやらないといけないことは看板を「総領事館」から「大使館」に掛け替えるぐらいです。費用は、私の見積もりでは最低五万円ぐらいで大使館の移設は完了してしまいます（講義後、トランプは六月上旬に期限を延期した。一二月六日、再び延期する一方で、エルサレムをイスラエルの「首都」と認めるとともに、国務省にテルアビブにある米大使館をエルサレムに移転する準備を指示することを明らかにした。二〇一八年二月二三日、五月までに移転すると発表し、五月一四日に実行したことで、混乱が広がっている）。

五〇〇万人殺しても構わないという発想の持ち主

しかしもし、大使館を移設したら、どうなるのか。それを考えるまえに押さえなければならないことがあります。いま、中東を見るときにいちばん鍵になる国はどこか、ということです。それは、ヨルダンなのです。

ヨルダンの王様は、もともとはサウジアラビアにいました。王様は、実はムハンマド（モハメット）の末裔《まつえい》です。ものすごく由緒正しい。ところが力は弱いため、野武士みたいなサウジアラビアの一族に追い出されてしまいました。そして、石油も出ない、環境も良くないヨルダン渓谷に追いやられてしまった。

ヨルダンは、国民の六割以上がパレスチナ系住民で、王様のことを尊敬していません。しかもアメリカの同盟国で、アメリカからの支援で成り立っている国です。軍隊は一応あり、昔は強かったものの、最近は弱く、空の防衛はすべてイスラエルが行っています。しかし、公にはイスラエルもヨルダンも、それを認めていません。

もしも、エルサレムにアメリカ大使館が移れば、ヨルダンのパレスチナ系住民は騒擾《そうじょう》を起こします。結果、ヨルダンの王政は倒れうる。倒れたあとに、イスラム国家ができます。これは、大混乱になります。そうなると、パレスチナは本格的な武装攻撃をイスラエルに対してしかける。アメリカ本国では、二〇〇一年の「九・一一」を上回る自爆テロが起きるでしょう。

トランプはそれでも構わない、この辺が潮時だと思っています。悪い子を全部暴き出して、皆殺しにすればいいと。なぜなら、就任演説で「イスラム過激主義を、地球から完全に根絶します」と、皆殺しにすると公約しているからです。

ところで、ロシアはプーチン大統領が就任してから、国家としてどれぐらいの殺人を犯しているでしょうか。チェチェンの人口は、プーチンが就任する前一〇〇万人ぐらいでした。いま、チェチェンの人口は七〇万人ですから、乱暴に言っても三〇万人は殺しています。それ以外のダゲスタンやオセチアでの紛争、国内でのさまざまな紛争に加えてシリアにも本格的に介入していますから、それだけで二〇万人ぐらいは殺しているのではないでしょうか。

トランプは、アメリカとロシアの国力の差は一〇倍以上も開いているので、プーチンが五〇万人だったら、アメリカは五〇〇万人ぐらい殺しても良い、皆殺しをやっても構わない、五〇〇〇万人殺す腹があれば世界は安定させられると思っていることでしょう。

反省することがあるとすれば、人権などに配慮しすぎて弱腰だったことだ。みんな殺してしまえばいい、根こそぎにすればいい、やってできないことはない。それぐらいの感覚と思われます。

だから、水責めなど、拷問を復活させると言いました。相手はテロリストだから構わないということです。水責めは、かなりきついものです。やり方は簡単です。顔の上に布をかぶせて、ヤカンから水をかけ続けるだけですが、本当に窒息しそうになります。あとは爪をはがしたりするといった方法になりますが、そういったことをされれば、だいたいの人は知っていることを吐くものです。このような拷問を再び全面的に復活する。そうトランプは言ったのです。

二〇世紀以降のアメリカには「長老派」の大統領が三人いた

なぜトランプは、そのような発想になるのか。その分析をするには、トランプの宗教に目を向けないといけません。トランプは、キリスト教の何派を信仰しているかといえば、「プレスビテリアン」（長老派）です。アメリカでプレスビテリアンの大統領は、珍しい。

長老派とは、ヨーロッパで言うカルヴァン派です。彼らは、生まれる前から救われる人と滅びる人が決まっていると主張します。そして、救われる人、選ばれた人は、この世の仕事でも成功すると考えます。たとえ一時的に調子が悪いことがあっても、それは試練であり、必ず勝ち抜くことができる。

このように考えるため、打たれ強い人が多い。しかし、ほとんど反省しないということでもあります。この感覚は、私自身もカルヴァン派で、長老派で、トランプと同じ宗教のため、よくわかります。

ちなみに二〇世紀以降のアメリカで、トランプ以外で長老派の大統領には、誰がいたでしょうか。まず、ウッドロー・ウィルソン。孤立主義のアメリカの中で、彼だけが珍しかった。第一次世界大戦後に、戦争をなくすための国際連盟をつくらないといけないと確信しました。しかし、アメリカ国内では、そんなものに加われるかと議会は反対しました。その結果、アメリカの大統領が言い出したのに、国際連盟にアメリカが加わらないという状況になりました。国際連盟は一九二〇年の発足です。

もう一人います。ドワイト・D・アイゼンハワーです。第二次世界大戦でノルマンディ上陸作戦（一九四四年）を成功させたヨーロッパにおける連合軍最高司令官です。実は、ノルマンディ上陸作戦はものすごくリスキーな作戦でした。あと半年待てば、ソ連軍がドイツ本国に侵攻できたはずですから、ナチスドイツは壊滅状態になっていたでしょう。また、この時点で北アフリカ戦線やイタリア戦線は、すでに連合軍がドイツ軍に対し攻勢に転じていましたから、ヨーロッパに上陸して第二戦線を開くのはもっと遅くてもよかったことになります。

実際、ノルマンディの犠牲者数は、連合軍にとっては奇跡に近いほど低かったのです。もしかしたら、やらないでいい作戦だったかもしれません。しかし、神がかりなアイゼンハワーは絶対にやると決めた。この作戦によって戦争を早く終えることが文明社会に貢献することなのだ、と思ったわけです。

その次がトランプです。この三人しか、二〇世紀以降のアメリカ大統領で長老派に属している人はいません。ちなみにロナルド・レーガン大統領は、もともとはバプテスト教会と近い、幼児洗礼を認めず、個人の清い信仰を重視するディサイプル教会のメンバーでした。しかし晩年、長老派に移行しました。レーガンの発想にも自分は神に選ばれた特別の信者であるという要素はあります。

日本人の知らないアメリカ

しかしトランプは、宗教的に敬虔《けいけん》な人とはまったく見られていません。例えば、二〇一六年の共和党の予備選挙で、トランプはマルコ・ルビオというヒスパニック系の候補者（宗派はカトリック。両親はキューバ移民）と選挙期間中、このようなやり取りをしました。

トランプがツイッターで「ルビオはチビだ」と言った。

ルビオが選挙集会で皮肉った。「トランプさん、あなたは手が小さいですね。世の中で手が小さい男性がどう言われているか、知っていますか？」

トランプはテレビのディベートでこう返しました。「おお、わかってるぜ。手が小さい男は、男の持ち物も小さいって言いたいんだろ。大丈夫だ。俺は人並みだぜ」

アメリカ大統領選挙で、予備選挙とはいえ、男性のペニスの大きさが争点になったのは後にも先にもこれだけでしょう。それと比べると、日本の自民党の総裁選や民進党の代表選挙のレベルは高い。「あんたの持ち物はどうなっているか」というような話は、流石《さすが》に誰もしません。

もう一つ、やはり選挙期間中のことですが、フォックステレビの女性キャスターがトランプに詰め寄ってきたのに対し、根に持っていたのか翌日のインタビューでトランプはこのように言いました。「姉ちゃん、目が血走ってるな。ほかのとこからも血を垂らしているんじゃねえか」。一昔前のアメリカであれば、もうこれだけでアウトです。

ところが、アメリカは広い国です。われわれが知っているのは、ニューヨークやワシントン、あるいはボストンといった東部のアメリカです。あるいは西部でも、シリコンバレーにロサンゼルス、サンフランシスコ、もしくはハワイ。そうではないアメリカが、たくさんある。

その辺りに関心がある方は、少し古くなりますが『ふうらい坊留学記』（中公文庫）という、タレントのミッキー安川《やすかわ》さんが一九五〇年代のアメリカに行ったときの留学記を読まれると面白いでしょう。

例えば、中南部のアメリカ人が、恐らく三リットルぐらい入る大きなジョッキにダイエットコーラではないレギュラーコーラをたっぷりと注いで飲んでいる。もう一方の手には、コーンでつくったポテトチップスみたいなスナックに、チーズの塊みたいなディップを山ほど付けて食べる。あるいは、キャンベルの濃厚なスープを山ほど付けて、それをむしゃむしゃと食べている。たぶんコーラと合わせて、五〇〇〇カロリーはあるでしょう。その上で、そのアメリカ人はＵＦＯについて真面目に信じているようで、その話をしている。

アメリカ映画の成分

木谷佳楠《きたにかなん》さんという同志社大学の助教がいます。「かなん」は、一見キラキラネームのように見えますが、親が熱心なクリスチャンの場合、聖書に由来する名前を付けられるものです。

さて、木谷さんが『アメリカ映画とキリスト教―１２０年の関係史』（キリスト新聞社）という本を出しました。これが興味深い。木谷さんは、こういうたとえを書いています。われわれは輸入食品を見るときには、原材料の表示を見る。カラダにとって何か悪いものが入ってないかチェックする。それと同じように、アメリカ映画も中身をよくチェックしないといけないと。

アメリカ人の五人に二人が、二〇五〇年までにキリストが再臨すると信じている。そのようなアメリカ人がつくっている映画を、彼女は時代ごとに分析しています。ハリウッドでは一九九〇年代から、地球破滅映画が増えているそうです。エイリアンによって破滅したり、隕石《いんせき》によって破滅したりする他、突然、地球の自転が止まって破滅するなど、地球破滅映画がたくさんある。または、善悪二元型のヒーローもの映画。こういう映画は、よくよく注意して見ないといけません。サブカルチャーとして受け取っているだけのつもりでも、知らないうちに思想的な影響を受けるということです。欧米型の食事が日本に入ってきて、知らず知らずのうちに日本人の体型が変わったのと似ていると言えるでしょう。

木谷さんはアメリカの専門家ですが、アメリカを礼賛していません。アメリカは相当に危ういところに来ていると冷静に分析しています。実にユニークなアメリカ研究ですが、実際にアメリカはそういうところがあります。なにしろ、クー・クラックス・クラン（ＫＫＫ）などという白人至上主義団体が、いまだに活動しているのですから。

彼らがトランプ支持を表明したところ、トランプは口では「直接は知らねえ」と言いましたが、内心はどうだったでしょうか。クー・クラックス・クランは、いまだに白人至上主義の新聞をつくり、撒《ま》いています。それを受け取る読み手もいる、ということです。そのような人たちも、アメリカにはいる。

もう一つ、アメリカは過半数の国民がパスポートを持っていません。外国に行ったことのない人が、もうアメリカの過半数を占めています（二〇〇七年までは、カナダやメキシコにはパスポートなしで行くことができたので、パスポート取得者はもっと少なかった）。アメリカは「ユナイテッド・ステーツ」ですから、「ステート」が違ったら別の国だと思い込んでいる人も、多くいることでしょう。

だいたい「クール・ジャパン」などと、アメリカでは日本のさまざまな文化が評価されていると言われますが、ああいうものを知っているアメリカ人は、極わずかです。ワシントンやニューヨーク、シリコンバレー周辺だけです。言葉は悪いですが、「おい、北京《ペキン》から東京までバスで何時間かかるんだ？」と聞いてくるようなアメリカ人の存在を、知っておかなければなりません。

クリスチャン・シオニズム

そのような、内向きなアメリカ人たちに圧倒的に支持されているのがトランプだ、ということです。そのトランプは「俺は、神さまに選ばれている」と信じている。

それから、アメリカには、「クリスチャン・シオニズム」という特殊なキリスト教があります。シオンの丘に帰ろう、というのはユダヤ教のシオニズムの特徴です。ところが、アメリカの中には、世界のいちばん終わりの日にキリストが復活して現れるときのイスラエルと、いま地上にあるイスラエルはだいたい同じである、という考えがあるのです。

「われわれアメリカ人は、理想を求めて国をつくった。それと同じように、理想を求めてつくった国がイスラエルだから、イスラエルとアメリカは特殊な価値観によって結ばれているのだ。それは人類の救済を実現する国なのだ」

このような発想です。これは、いわゆる茶会（ティーパーティー）のような福音派の宗教観とも別ものです。

トランプの娘のイヴァンカは、夫のジャレッド・クシュナーがユダヤ人のため、ユダヤ教に改宗しましたが、父親は反発していません。クリスチャン・シオニストからすると、ユダヤ教とキリスト教の違いは、例えば富士《ふじ》山に登頂する際に静岡側から登るか、山梨側から登るのかといった程度の違いと同じで、目標は一緒だからどちらでもいい、ということになるのです。トランプのこの特殊な宗教観、あるいはイスラエル観、さらに自分は選ばれたのだという召命観が、今後の世の中に大きな禍根を残していくでしょう。

こういう極端な信念を持っている点においては、ルターも日蓮も同じです。歴史を突き動かしていく人というのは、そこそこの折り合いをつけるという発想では動きません。だからこそ、いまの時代と世界を読み解くためには、もう一度ルター、さらに日本という文脈においては日蓮に立ち返る必要があると思うのです。

内村鑑三には日蓮的なものがある

二人の具体的な話に入る前に、歴史やテキストについての説明が必要です。まず日蓮ですが、『立正安国論』はとりあえず講談社学術文庫を指定しました。『立正安国論』は角川ソフィア文庫からも出ていますし、同文庫には「仏教の思想」というシリーズがあり、日蓮は『永遠のいのち』という巻で出ています。日本人の日蓮嫌いはどこから起きているのかということから始まっており、いわゆる身延《みのぶ》の日蓮宗のラインに即した日蓮宗に関する解説ですが、面白いです。

ちなみに「親鸞《しんらん》宗」「法然《ほうねん》宗」「空海《くうかい》宗」はありません。しかし日蓮宗だけは、日蓮という人の名前と結びついています。同じように、キリスト教でもルター派やカルヴァン派などは、人の名前と結びついています。人の名前と結びついている宗教は、固有名詞を抜きにして考えられないという意味で、ものすごく重要です。

ところで、明治時代に世界に日蓮を広めたのは内村鑑三《うちむらかんぞう》です。内村が『代表的日本人』(岩波文庫)という本を書いて、その中で日蓮を取り上げました。なぜ日蓮だったのかといえば、内村鑑三自身の信仰の中に、日蓮的なるものがあるからです。

内村鑑三については、評論家の柄谷行人《からたにこうじん》さんの『憲法の無意識』(岩波新書)が参考になります。タイトルは憲法ですが、実は後期フロイトについての議論、心理学の話が主になっています。柄谷さんは、内村鑑三はなぜクリスチャンになったのか、その解き明かしをしています。

内村鑑三が札幌《さっぽろ》農学校（現・北海道大学）に入ったときには、すでにクラーク博士は日本を離れアメリカに帰っていました。しかし、クラークの薫陶を受けた寮生たちは、内村たち新入生をキリスト教徒になれと脅し上げました。内村は武士であるという意識が強いため、最初は外来の宗教など信じたくはありませんでした。しかし、キリスト教徒にならないと農学校にはいられなくなるということになり、イヤイヤ洗礼を受けたのです。

柄谷さんは、このイヤイヤという部分に注目します。つまり、自分が選び取ったのではなく外圧によるもの、自覚的信仰として選び取ったものではないという点です。それゆえに、内村鑑三の無意識をキリスト教が支配するようになったというのです。

農学校で、内村鑑三にキリスト教徒になれと熱心に勧めた先輩たちは、その後は役人になったり社会主義者になったりして、キリスト教から離れていってしまいます。ところが、内村鑑三にはキリスト教から離れるという発想がありません。

さらに、一高（第一高等中学校）の教員になった翌年、全校教師と生徒が参加した「教育勅語」（明治二三年発布。同年、内村は教職に就いた）の奉読式で、内村は最敬礼をしませんでした。それを非難され、彼は一高を追われます。内村鑑三不敬事件と呼ばれるものです。

それだけではありません。日露戦争の直前、国中が「ロシア討つべし」と沸き立っているときに、彼は戦争反対を訴えました。それこそ命懸けです。殺されるかもしれないというリスクがあったにもかかわらず、自分のキリスト教信仰に基づいて非戦論を唱えました。

内村になぜそれができたのか。柄谷さんは、キリスト教が内村の無意識を支配するようになったからだと説明します。理屈とは別に、もうカラダがそういうふうに動いてしまった。なぜなら内村は、外圧としてキリスト教を受け入れたからだと言うのです。しかも、それは単に新しい思想を受け入れたということではない。筋を通す、命を懸けても筋を通すという意味において、内村がもともと身につけていた武士道への回帰となった。だから、内村鑑三においては、武士道的なキリスト教が生まれるのだと考えます。

柄谷さんは、そこから日本国憲法についても考えます。日本国憲法が公布された当初、共産党は中立自衛を唱えており、社会党も現行憲法のような内容は考えていませんでした。特に、憲法九条の絶対的な平和主義は、そうです。しかし、いったん外から押し付けられたがゆえに、良心（超自我）が生まれ、さらにそれが戦争の断念という憲法の平和主義を求めることになったというのです。その後、七〇年以上にわたり、何度か憲法改正をするチャンスも、戦争をするチャンスもあったけれども、敢《あ》えて日本国民は選択してきませんでした。それゆえに、安倍《あべ》政権が勇ましく憲法改正を掲げても、結果として憲法改正はできなくなってしまうだろう、と。

無意識は、深層催眠と似ています。催眠術を掛けられた人は、「あなたは午後の七時一五分に窓を開けます」と言われると、必ず窓を開けます。言われた人は、催眠術を掛けられたこと自体、覚えていませんが、どうして窓を開けるのかと聞くと、息苦しいからとか暑いからといった、別の理由を付けてきます。それと同じことが、日本国憲法をめぐる議論でも起きていると柄谷さんは言います。

江戸時代の「鎖国」は反カトリシズムだった

柄谷さんは、この状況はもともと徳川《とくがわ》時代にあった「パクス・トクガワーナ」、〝徳川の平和〟への日本的な回帰であるという言い方もしています。

これは当たっているかもしれません。例えば、留学をする上での環境は良くなっているにもかかわらず、いまの日本の留学生の大半は一ヶ月未満の短期留学です。長期留学希望者が少ないということです。外国に観光で行く学生も減っています。インターネットを通じて情報は得られるからいい、と考える人が増えている。これは、江戸《えど》時代の日本にそっくりです。

江戸時代は「鎖国」だったと言われていますが、これは誤解を招く表現です。まず松前口《まつまえくち》。松前藩を通じて蝦夷《えぞ》、サハリン、東シベリアにはネットワークが開かれ、交易もしていました。次に対馬口《つしまぐち》。対馬藩を通じて朝鮮半島とは交流をしていました。そして、長崎の出島《でじま》。ここでオランダと交流をしていました。オランダもキリスト教国です。江戸時代、キリスト教は禁じられていましたが、オランダを通じていろいろな情報を得ていました。だから鎖国というのは、必ずしも反キリスト教ではありません。反カトリシズムなのです。

要するに、カトリシズムは普遍的な価値観という形で、力によって、自分たちの主張を押し付けてきます。それを受け入れてしまったら、日本が日本でなくなってしまう。この危機感から、江戸時代の日本はカトリック教会を排除しました。カトリックの宣教師を描いた遠藤周作《えんどうしゅうさく》の『沈黙』(新潮文庫)が先般再び映画化され、評判になりました。しかし、カトリシズムをそのまま野放しにしていたら、日本はおそらく植民地になっていたでしょう。われわれはいまごろ、ポルトガル語を話していた可能性が十分にあります。例えば、アフリカのモザンビークのように。

もう一つ、琉球《りゅうきゅう》を通じて中国ともコミュニケーションを持っていました。当時の日本は、必要かつ十分なコミュニケーションを世界と持っていたのです。そのような意味では、いまの日本も収縮しているのかもしれません。柄谷さんの考えていることは、現実に照らしてみると、非常に合理的にわかります。同時に、沖縄における緊張が増しているのも、この観点だとよくわかります。「パクス・トクガワーナ」にあっては、沖縄(琉球)は枠の外側だから何をやっても構わない、と考えられているということです。

創価学会インタナショナルの無視できない影響力

こういう構造を見ていくために重要なのが、世界宗教の力です。もちろん、カトリシズムのように、普遍的な概念一本で世界全体を統合してしまおうという思想には限界があります。しかし、こういう普遍的な思想、普遍主義は繰り返し出てきます。

カトリシズムの次は共産主義でした。ソ連型の共産主義は、力によって世界を階級という切り口で一つにしてしまおう、という発想でした。それ以外では、東西冷戦が崩壊したあとの、ネオコン（ネオコンサバティズム）の人たちが主張した自由と民主主義、市場経済という価値観を力によって世界に普及させるという考え方があります。この発想も、力を伴う普遍主義です。

あるいは現在のイスラム国。アッラーの神さまはお一人、そのお一人が制定したシャリーアという法律が単一の法律であって、それが全世界に均一に適用される。だから、たった一つのカリフ帝国ができればいい。これも、力によって後押しされた普遍主義です。

これに対して、ルター、カルヴァンの宗教改革は、普遍的な性格は持っていますが、各国のナショナルな伝統を尊重します。

では、どうして私はそのルターに合わせて日蓮を一緒に引っ張ってきているのでしょうか。意外に思われるかもしれませんが、それは、近年の創価学会《そうかがっかい》の動きに関わりがあります。二〇一四年一一月に、創価学会は教義条項の改正をしました。それによって、いままで参拝していた静岡県富士宮《ふじのみや》市の大石寺《たいせきじ》との縁を完全に切り、独自の方向を目指していきます。それによって、彼らは世界宗教化もしようとしているわけです。

創価学会の世界宗教化は、ＳＧＩ（創価学会インタナショナル）という組織を通じ、各国の独自性を維持しながら、普遍的な概念を伝えていくという実験です。これは、実はルターやカルヴァンたち、プロテスタントが行った宗教改革と似ているのです。創価学会が行っている実験が成功すると、たぶん仏教の世界宗教化は急速に起きてくるでしょう。

これまで、世界宗教はキリスト教、イスラム教、仏教とされてきました。キリスト教はヨーロッパから始まり、アフリカの一部にも広まり、ロシアを通じて北米、中南米、オーストラリア、ニュージーランドと、ほぼ世界を席巻しています。イスラムがいくら強いと言っても、まだキリスト教徒のほうが多い。イスラムは中東、アフリカ、さらに東南アジアの一部、フィリピンあたりまで広がっています。

それと比べて、仏教は世界宗教と言っても、広がりは狭い。中国は一応、無神論国家です。だから、東アジアの日本と南北朝鮮に台湾《たいわん》、タイとミャンマーとブータン、それにスリランカぐらいではないでしょうか。世界宗教と言う割には、地域的にものすごく限定された宗教ではないでしょうか。

ブラジルに浄土真宗のお寺がたくさんあるのでは、と思われる人もいるでしょう。しかし、あれはディアスポラの寺院であり、日本人移民の共同体を対象にしています。

また、臨済宗相国寺《しょうこくじ》派の教学責任者を務めていた佐分宗順《さぶりそうじゅん》さんはパリに長くいましたし、フランス語が堪能《たんのう》でした。このような禅宗の僧侶《そうりょ》はドイツにもフランスにもいるのではないか、と思われる人もいるでしょう。しかしあれは、クール・ジャパン、かっこいい日本といった特殊な話ではないでしょうか。実際の生活に染みついた形での仏教はどこにあるでしょうか。

そのような中、SGIは、イタリア政府からカトリック教会、プロテスタント教会、それからユダヤ教やヒンドゥー教の団体と同じインテーサという、特別の宗教協約を結ぶという形で、公立学校でその宗教教育を受ける権利などが認められました。

韓国では、SGIメンバーは、一五〇万人ほどはいるでしょう。この数は、慰安婦問題や竹島《たけしま》問題などの日韓のトラブルを収めるときに、水面下で重要な役割を果たしています。こうしたことを考えた場合、やはり創価学会の存在を無視することはできません。ところがその割には、創価学会に関する真面目な研究書は少ない状態です。

SGIは、中国との関係においても今後、重要になってくると思います。中国はいま、外国宗教の活動を国内で認めていません。ところが、中国の共産党体制は、もはやマルクス主義や毛沢東《もうたくとう》思想といった、かつての共産主義イデオロギーではありません。いまの中国の貧富の格差、環境の破壊を考えれば、もうイデオロギーや理念で動いている国とは思えません。つまり「共産党」という名の権力を独占する連中が、資本主義体制を運営している。さらに、各地の軍管区ごとに軍閥という存在もあります。

では、一般の民衆や社会の矛盾は、誰がすくい上げるのか。宗教です。しかし気をつけないと、中国で宗教と民衆が結びつけば、太平天国《たいへいてんごく》の乱（一八五一～六四年）のような反乱が起きてしまいます。だから宗教に対する政策は非常に慎重になっていますが、そう遠くない将来に、中国でもSGIの活動は認められるのではないでしょうか。ただし、各国の政治体制に悪い影響がない形ということで、教育などに限定されるでしょう。もともと、そういう形の宗教だから、という認識が前提です。

今回、『立正安国論』というテキストの読み解きを通じて、日蓮宗にある内在的な論理を見て、それが二一世紀にどのように発展してきているのかも、確認してみたい。それは、国際情勢を読むうえでも役に立つからです。

ません。

「歴史」には二つある

同時に、キリスト教はいまなお、なぜ死に果てないのか。特に、プロテスタンティズムはなぜ力を持っているのかを考えたい。そのために、ルターのものの考え方を見なければいけません。

前提条件として、いくつか処理しなければならない問題があります。まず、歴史という問題です。歴史は、ドイツ語で言うと「ヒストリエ」(Historie) と、「ゲシヒテ」(Geschichte) という二つの「歴史」があります。

ヒストリエ、つまりヒストリーは記述史、年代記です。何があったのかを順番に書いていく。そこでは、特段の価値判断はしません。もちろん厳密に言えば、どの歴史的な出来事を拾うかに価値判断はあります。しかし、はっきりとした形での出来事、物語をつくっていくという発想はありません。

一方、ゲシヒテは、われわれがいわゆる歴史教科書でいうところの歴史、日常的に知らないといけないという歴史です。出来事としての歴史です。

例えば一六〇〇年、関ヶ原《せきがはら》の戦いがありました。これは天下分け目の戦いで、日本に統国家というものが形成されていくうえで、きわめて重要な戦いでした。しかし、この関ヶ原の戦いは、ドイツにとって何か意味はあるでしょうか。恐らくないでしょう。

この関ヶ原の戦いの二〇年後に起きたビーラー・ホラの戦いはどうでしょうか。白山《はくさん》の戦いともいいます。プラハ郊外の白山（「ビーラー・ホラ［Bílá hora］」はチェコ語で「白い山」の意味）で、カトリック軍とプロテスタント軍がぶつかりました。その結果、プロテスタント軍が敗北します。この戦いは一六一八年に始まった三〇年戦争が泥沼化する理由になります。

少なくとも、ヨーロッパ史では重要な出来事として受け取られています。ところが日本では、ビーラー・ホラの戦いは、商業高校、工業高校、農業高校で使う『世界史A』には出てきません。『世界史B』となる山川出版社の『詳説 世界史』には出てくる。中堅大学の入試では出ない、ということです。ビーラー・ホラの戦い、一六二〇年などという年号は、難関大学の入試でしか出てこないテーマと言えます。しかし、その後のヨーロッパ史を考える場合には、決定的に重要なものです。

一六四八年のウェストファリア条約はどうでしょうか。三〇年戦争を終わらせた条約です。これは、いまのわれわれの歴史にとっても非常に重要です。なぜならば、日本という国家も、基本的には国際法の枠組みの中で捉《とら》えられているからです。国際法の枠組みという考え方は、ウェストファリア条約を抜きに考えられません。

ここで少し整理してみましょう。日本人にとっては、関ヶ原の戦いは「歴史」であり、ウェストファリア条約も「歴史」ですが、ビーラー・ホラの戦いは「歴史」ではありません。

ドイツ人にとっては、関ヶ原の戦いは「歴史」ではありませんが、ビーラー・ホラの戦いは「歴史」であり、ウェストファリア条約も「歴史」です。

純粋中立の国など存在しない

続いて考えてみましょう。八月一五日は終戦記念日です。ところが、これは国際法的には意味のない日です。日本が連合国に対し、ポツダム宣言を受諾します、軍隊の無条件降伏を伴う降伏をしますと通告をしたのは、一九四五年の八月一四日だったからです。

ちなみに、対戦している国に対して、どのように通告するのでしょうか。実は、戦争が始まって外交関係を断絶すると、必ず利益代表国というのを指定するのです。その利益代表国は、相手国とも戦争をしていない、こちらとも戦争をしていない中立国から選びます。アメリカの対日本における利益代表国はスイス。日本の対アメリカにおける利益代表国は、スペインでした。

多くの方は、「中立」といえば純粋な中立と思っているかもしれません。しかし、純粋中立などという国は存在しません。必ずどちらかの側にシンパシーを持っています。どちらかに好意的な中立であって、完全な中立などないのです。その意味で、スペインのフランコ政権はナチス＝ドイツ、ファッショ＝イタリア、大日本帝国に対して好意的中立でした。また、スイスはアメリカに対して好意的中立でした。

　戦時中、日本国内には、空襲を絶対に受けない安全な場所が二カ所だけありました。軽井沢《かるいざわ》と箱根《はこね》です。軽井沢にはスイス公使館、スウェーデン公使館を始めとする、西ヨーロッパ各国の公使館が疎開していたからです。そして箱根には、ソ連の大使館がありました。戦争中の強羅《ごうら》ホテルについては、井上《いのうえ》ひさしさんが『箱根強羅ホテル』（集英社）という戯曲を書いています。

　日本はアメリカに対し、中立国のスペインを通じて連絡していましたが、途中でうまくいかなくなったため、スイス公使館を通じてアメリカと連絡を取るようにしていました。アメリカの利益代表国であるスイスを通じ、軽井沢周辺の地図をアメリカに送っています。ここには中立国の大使館がありますから空爆はしないでください、とお願いをしておくわけです。そうすれば、絶対空爆されません。ちなみに、ドイツ大使館は河口湖《かわぐちこ》にあったために、河口湖周辺は空爆されています。

　日本人で外交事情について詳しい人や金持ち、官僚たちは家族を軽井沢や箱根に疎開させました。軽井沢か箱根なら、米軍から空襲されなかったからです。情報格差が命の格差になっていた。酷《むご》いものです。アメリカファーストといいますが、現実はみんな「わが家ファースト」であり、それはそういうものだと思います。

陸軍中野学校出身者の体験談

　私が職業作家になり始めたとき、精力的にインタビューをした人たちがいます。陸軍中野《なかの》学校の出身者です。当時すでに高齢で、時間がわずかしか残っていませんでした。いまはもう、ほとんどの方が亡くなられています。『陸軍中野学校』（中野校友会）というものが出ていますが、隠されている部分が非常に多かったため、生で話を聞いておかなければいけないと思いました。

　私に好意を持ってくださったのは、渡辺秀生《わたなべひでお》さんという、中野学校五期生でした。この方はチンタオ（青島）にワタル機関という機関を持っていました。拓殖大学出身で軍隊に入ったときに、前橋《まえばし》の陸軍予備士官学校から、話があるからと呼び出されたといいます。行ってみると、すれ違い際に、私服の男が中国語で何か話しかけてきた。その後、「いま、あの男は何を言っていたか」と聞かれた。それが中野学校の試験でした。そのあとは、日本刀はどうやってつくるかといった、唐突な質問が飛んできたそうです。それにどうやって答えられるかで、適性を判断されたそうです。

　やがて渡辺さんは、ワタル機関という特務機関の機関長になってチンタオに行きました。そのときの話です。向こうで誰かとコーヒーを飲む。相手は砂糖壺《つぼ》をすすめる。しかし、渡辺さんは先に砂糖をすくえと相手に言う。相手が砂糖をすくってコーヒーに入れると、渡辺さんは相手がすくったあとから自分も砂糖をすくって中に入れたと。

要するに、中野学校では砂糖に毒を入れて相手に飲ませるという訓練をしていた、ということです。だから、自分から砂糖壺に先に匙《さじ》を入れない。砂糖壺には半分だけ毒を入れて、残りの半分に普通の砂糖を入れておく。それがよくやるやり方だったため、必ず相手が入れるのを見てからしか入れないという習慣が身についていました。

こういう話も聞きました。「佐藤さん、硝酸というのは怖いですね。二晩、漬けとくだけで、人間が完全に溶けちゃいますからね」。二日ぐらいで髪の毛も完全に溶けてしまう。風《ふ》呂《ろ》桶《おけ》は思ったよりも傷めない、と言われました。「栓を開ければ、シューっと流れていって終わりです」と。

スイス公使館への潜入工作

そのような話を聞いていたときに、ノンフィクション作家の斎藤充功《さいとうみちのり》さんが『昭和史発掘 幻の特務機関「ヤマ」』(新潮新書)という本を出版されました。陸軍中野学校に吉田茂《よしだしげる》などをチェックしている機関があったということを書いていました。その話をすると、渡辺さんは「この本の話は、ちょっとずれていますよ」と言いました。どうして渡辺さんがわかるかということ、ヤマ機関の機関長は彼の友だちだったからです。私は、その人から話を聞かせてもらえますかと尋ねました。

すると「ちょっと待ってもらえますか。私が間に入っても、彼は彼なりに、佐藤さんのことを調べる。調べたうえでないと、きっと会わないでしょう」と言われました。半年ほど経ってからGOサインが出て、会いに行くことができました。群馬のほうの鉄工所のオヤジさんです。戦後、追いかけられるのを恐れ、東京には近寄らずに自分で鉄工所を建て、自営業者になっていました。

この人が担当したのは、軽井沢のスイス公使館への潜入工作でした。一九六六年に、市川《いちかわ》雷蔵《らいぞう》が主演した『陸軍中野学校』という映画がありました。若い部下をスイス公使館に送り込んで鍵の型を取るというシーンが出てきますが、あれは本当の話だと言っていました。自分たちも、スイス公使館の通信を傍受したり、電報を盗んだりしていたというのです。その工作を続ける中で、不思議なことがわかってきます。「ヨハンセン」という暗号名で書かれている、謎の人物の存在です。その「ヨハンセン」という日本人らしい人物が、スイス公使館を通じて英国政府と連絡を取って、どうやら日本の降伏準備をしている。実はこの「ヨハンセン」が元駐英大使の吉田茂でした。

何としてもこの「ヨハンセン」の行動を摘発しないといけない、と考えながら任務を続けたそうです。配下を吉田茂邸に書生として住み込ませるなど、いろいろやる。すると、憲兵隊のほうでも内偵を進めて女中を送ることをしています。ところが、憲兵隊が乱暴な形で監視活動をしたため、吉田に察知されてしまいます。結局、憲兵隊は面倒だということで、早く捕まえてしまったため、冤罪《えんざい》とされてしまいました。

しかし、実際は冤罪ではなく、そうした行為はしていたそうです。ただ、戦後に吉田茂が首相になってしまったために、憲兵隊に捕まったのは冤罪ということにして、吉田がやっていたことは封印して、みな忘れるということになったというお話でした。

その話の中で、全部は聞かせてくれませんでしたが、強く示唆していたのは、降伏準備をしていたのは吉田だけではなかったということです。さらに奥、宮中を示唆していました。宮中の意向を吉田は受けて、英国と和平工作をしていたと。要するに、皇統を維持する意味において、軍部に任せていたら大変なことになると宮中は思っていたのでしょう。陸軍中野学校は、ここまでの情報をつかんでいたわけです。

このような陸軍中野学校の歴史は消えてしまっています。存在自体も消えています。いまの若い人は、柳広司《やなぎこうじ》さんの小説『ジョーカー・ゲーム』（角川文庫）といった作品でしか知らないでしょう。しかし、日本の歴史をつくるうえにおいて、いくつかの重要な局面でこの人たちは動いていたのです。

点と線の意味づけによって複数の歴史が生じる

さて、一九四五年の八月一五日の一二時に玉音放送が流れます。いま、われわれがタイムマシーンに乗って、八月一五日のソウルに行ったとしましょう。韓国人も日本人も泣いています。戦争に負けたと言って泣いています。例えば、高倉健《たかくらけん》と田中裕子《たなかゆうこ》が主演した二〇〇一年の映画『ホタル』でも描かれたように、韓国人でも日本の特攻機に乗った人たちはいました。だから一九四五年の八月一五日時点においては、あの日を敗北と受け止めていた韓国人たちがいました。ところが間もなくして、日本から朝鮮は解放され、独立国家ができることになり、その結果、敗北は解放ということになったのです。だから、韓国で八月一五日は「光復節《こうふくせつ》」。光が蘇《よみがえ》るお祭り、祝日です。

八月一五日は、ほとんどの国にとっては意味のない日です。ロシアにとっても、アメリカにとっても、八月一五日は意味がない。八月一四日のポツダム宣言受諾か、九月二日の東京湾に停泊したミズーリ甲板上における、日本の降伏文書調印の日、そのどちらかが第二次世界大戦終結の日です。ところが、日本と韓国、そして北朝鮮においては、八月一五日は意味があります。日本では敗北の日、韓国や北朝鮮にとっては、解放の日として、です。

歴史というのは、点と線の意味づけによって、複数あるということです。日本と韓国のあいだで共通の歴史観を持ちましょう、あるいは、日本と中国のあいだで共通の歴史観を持ちましょうという話がありますが、これは間違った話です。もし日韓のあいだで共通の歴史観を持つとすれば、韓国によって日本が併合されるか、あるいは日本が再び韓国を併合するか、そのどちらかによってしか、共通の歴史観は生まれません。別の国家が存立しているということは、別の歴史があるということです。

「カイロス」と「クロノス」

歴史に関して、さらに考えないといけないことがあります。時間です。歴史というのは、時間の認識なくしてありえません。

日本語だと「時間」一つですが、英語だと「タイム」と「タイミング」は違います。タイムは流れていく時間。英語で「クロノロジー」ともいう、年表や時系列表の時間です。これはギリシャ語の「クロノス」という言葉から来ています。われわれが普通に「時間」と言うときは、このクロノスを考えればいい。これに対して、タイミングという意味の、もう一つの時間がある。これが「カイロス」です。

クロノスとカイロスで、音が違う。音が違うということは、概念がまったく別ということです。タイムとタイミングは音が近いから、概念としても比較的近い部分があります。しかし、クロノスとカイロスでは、概念から違います。

いま、座標軸を取って、そこに時間が流れていくとすると、カイロスは上からそれを切断するものです。そのような時間です。具体的には、皆さんの中でパートナーがいる人がいれば、そのパートナーと会った日はカイロスです。あるいは、皆さんが生まれたときと、生まれる前は違います。だから、誕生日はカイロスです。いろいろなカイロスを、われわれは刻み込んでいるのです。一人ひとりの人間で、みんな、異なるカイロスがある。その前とあとでは、意味合いが変わってきます。これがカイロスです。カイロスは民族においてもある。

だから八月一五日は、日本人にとってのカイロス、韓国人にとってのカイロスです。しかし、意味合いはまったく違う。

二〇〇一年九月一一日のアメリカにおける連続同時多発テロ事件は、やはり世界にとってカイロスです。二〇一一年三月一一日の東日本大震災も、震災で起きた福島第一原発事故も、日本にとってはカイロスです。

カイロスとクロノスのうち、特にカイロスという概念が重要です。ところが、われわれ日本人にはカイロスはわかりにくい。どうしてかといえば、われわれの場合は、時間が円環をなしているからです。

例えば、新年になると「新しい年が始まった」と思います。それでなんとなくサッパリした感じになる。昔の日本では、大晦日《おおみそか》まで借金取りが取り立てに来ても、新年が明けて逃げ切れば安心しました。仕切り直しになったためです。ヨーロッパやアメリカに住んだことがある人はわかると思いますが、あの大晦日から新年への仕切り直しの感覚を、欧米では感じません。

東京拘置所でも一二月三一日は特別な日だった

私は、「紅白歌合戦」は大きな意味を持っていると思っています。東京拘置所でも「紅白歌合戦」は流れました。ふつう東京拘置所では、ラジオはぴったりと八時五五分に終わります。それで九時に減灯する。消灯ではありません。監視の関係で、独房の中には少し電気がついており、減灯というのです。そのため、私は檻《おり》から出て娑婆《しゃば》に戻って来ても、夜電気がついていないとよく寝られません。また、独房の中は静かなため、時計の音がうるさくて眠れませんでした。それで、時計を止め、蛍光灯を点《つ》けて寝ることがしばらく続きました。

そのような東京拘置所であっても、一二月三一日は特別な日です。まず、午後二時ぐらいに、お菓子セットが差し入れられました。結構いろいろ入っていました。大きな袋の中に、揚げせんべいやなんとかまんじゅうが入っている。ところが、何か口に残る感触があります。包みの表示を見ると、賞味期限が一月二日までと書いてありました。大晦日の日に、どこのバッタ屋で買ってくるのかわかりませんが、一月二日、三日が賞味期限という菓子が支給されます。それから夕方には、どこかのコンビニで買ってきたようなもりそばが出ます。ざるそばではなく、海苔《のり》の付いていないもりそばです。囚人は海苔を食うなという話です。しかも、生ものは食べさせないことになっているため、ネギ抜きです。

夕食が済んだあとに、ラジオ放送の特別延長があり、「紅白歌合戦」がすべてかかります。終わると一一時四五分。すると、「蛍の光」が流れ、急に静かになり、滋賀三井寺《みいでら》からの中継ですといった声が入り、「ゆく年くる年」になる。

カオスを起こし、そこからもう一回、静かな形でコスモスをつくる。これが、日本の神道的な世界観における創造です。つまり、混乱と創造というものを人為的につくり出している。だから、「紅白歌合戦」は宗教行事です。歌番組であれだけの視聴率が取れるのも、そのような意味合いでわれわれが見ているからでしょう。大晦日以外の日でつくったら、五％も取れないのではないでしょうか。

こういうテレビ番組にも、埋め込まれている。何が埋め込まれているかといえば、時間は円環していて、またやり直せるという感覚が埋め込まれているのです。ですから、多くの人は、物事には一回しかなく、その前とその後で違うという時間観を、なにかギスギスしているように感じるわけです。日本人には、このような時間理解があります。

日蓮を読んでいると、彼がどのような時間理解を持っていたのか、いま一つわからないところがあります。しかし、少なくとも世界宗教化していくことが日蓮的な仏教においては可能で、時間感覚においても、直線的な時間と何らかの形で折り合いはつけられるのでは、と考えています。『立正安国論』をどこまで読み込んでいけるかは、私にとっても大きなチャレンジです。

葬式は宗教の強さに関係する

もう一つ大事なことがあります。歴史的に証明できること、実証主義が適用できるのは、例えば日本史であれば室町《むろまち》時代の頃までです。室町時代より前になると、どこまで実証できるかは難しくなります。ただし、実証はできなくても、確実にあったと想定される出来事があります。これを、ドイツ語では「ウアゲシヒテ（Urgeschichte）」と言います。日本語に直訳すると「原歴史」という考え方です。

この原歴史という考え方を巧みに使ったのが、民俗学者の柳田國男《やなぎたくにお》でした。有名な『遠野《とおの》物語』もそうです。これについては、柳田國男のテキストを読み解くよりも、先ほども少し言及した柄谷行人さんの『遊動論――柳田国男と山人』（文春新書）がいい。

柄谷さんはこう考えます。室町時代よりずっと昔の日本人において、歴史的には実証できないが、確実に存在したことがある。それは何かと言えば、日本人の魂に関する理解です。

例えば、人が死んだら通夜をする、食事や酒をふるまう。ところが、キリスト教では、通夜でも酒は出ませんし、寿司《すし》なども取りません。日本の伝統だと、通夜は告別式よりもお金がかかります。酔いつぶれる人も出てきたりする。たいていの場合、喪主は悲しくても、「故人はこういった愉快なことが好きでしたから」などと、いい加減なことを言う。そういう儀式になっています。そもそも、死者をとむらうために、なぜ生の寿司を食べ、みんなでお酒を飲むのでしょうか。死んではいますが、魂はすぐ横にいる、故人は楽しく、一緒に飲み食いしているという考え方です。四九日まではちょろちょろしている。初七日なら、さらにリアルに近い。

最近、仏教のお葬式に行くと、お経を二回読んでいます。あれはディスカウントです。葬儀のときに初七日も合わせてやりましょうということです。さすがに、葬儀のときに四九日までも合わせ、三回お経を読むというのはないでしょうが、適宜伸縮自在なところは仏教の強さです。葬式仏教などと言われても、です。

いま、お坊さんの宅配サービスまでアマゾンで買えることが話題になっています（二〇一九年一〇月にアマゾンではサービス中止となった）。しかし、お坊さんまでアマゾンで呼びたいと思う人がいるほど、仏教は日本で普及しているともいえます。キリスト教の牧師をアマゾンで呼びたいと思う人はいないでしょう。

ちなみに、キリスト教式の結婚式に最近出ると、たいてい腰を抜かしてしまいます。だいたい結婚式は、日曜日の午前中に多く行われます。しかし、本当のプロの牧師は、日曜日の午前中は教会で礼拝をしていますから、結婚式には参加できないのです。だから、あそこに来ている人は誰かわからないけれども、牧師でないことだけは確かです。このような結婚式は、キリスト教の世界にいる者は経験することはないため、面白いなと思って見ています。

日本人の多くは、典型的な宗教混交です。生まれたときはお宮参りで神社、七五三も神社に詣《もう》でる。結婚式は、神式かキリスト教式でする。仏前結婚は多くありません。結婚式でお経をあげて焼香をするのは、雰囲気ではないということで、あまりやらないようです。

いずれにせよ、結婚式は、多くとも三回ぐらいでしょう。二回目では、結婚式もするでしょうか。私も二回結婚しましたが、二回目は結婚式はしていません。それに対し、葬式は一回ですが、初七日や四九日に三回忌など、その後があります。宗教は葬式をやらないと勝てません。だから、葬式仏教という言い方もされますが、葬式を持っているということは、宗教として絶対に強いのです。

実証は出来ないが教義的には真正なもの

『遊動論――柳田国男と山人』によると、亡くなっても五〇年ほどは魂にも個性があるそうです。戒名が付き、向こうの世界に行っていても、お祖父《じい》ちゃんもお祖母《ばあ》ちゃんもいろいろ覚えているということです。ところが五〇年経ってしまうと、祖霊となって個性がなくなってしまいます。何々家、田中《たなか》家の祖霊、鈴木《すずき》家の祖霊として、自分たちを守ってくれるという感覚になる。こうした柳田の霊魂観は、立証はできません。しかしあったとは想定されうる。これはウアゲシヒテ、「原歴史」です。

日蓮を追いかけてみると、とても面白いことがあります。「御書《ごしょ》」と呼ばれるテキストの中には、明らかに後世につくられたものがあり、日蓮の真筆ではないものがたくさん含まれています。これをどういうふうに評価するかというと、先ほどのウアゲシヒテ、すなわち「原歴史的」な解説が重要になると思います。実証できない、もしくは実証では否定されるけれども、教義的には真正だと認める、というものはありうるからです。

実は、キリスト教の聖書でも、そのようなものはたくさんあります。ヘブライ書やヨハネ第二の手紙に、ヨハネ第三の手紙といったものは、真正の文書かどうかはよくわかりません。だからルター派の聖書では、ヨハネの黙示録やヘブライ書は、後ろのほうに全部まとめて付けてある。カトリックや改革派、カルヴァン派の聖書とは違います。ルターは、ヨハネの黙示録やヘブライ書などは、本来「聖書」に入れるべき文書と思っていなかったのです。そのため、あえて後ろのほうにまとめているのが、ルター派の聖書です。「歴史」と「原歴史」を考えるうえにおいても、キリスト教の研究は重要です。われわれが理性を重視するようになったのは、一七世紀からです。一八世紀から、啓蒙《けいもう》主義が流行していきます。この啓蒙主義、「アウフクレールング（Aufkläarung）」もしくは「エンライトメント（Enlightenment）」とは、どういう意味でしょうか。

エンライトメントはライト、光をつけていく。真っ暗な部屋でロウソクを一本つけると、少し周りが見えるようになる。二本つけると、もっと見えるようになる。三本つける、四本つける。どんどん明るくなって、物事が見えるようになる。ロウソクの光にあたるのが知恵です。知恵をどんどんとつけていけば、世の中のことは全部わかり、解明できるようになるという考え方です。

AIと人格

いまでも、その考えで研究している人たちがいます。AIの研究をしている人たちです。シンギュラリティ（Singularity：技術的特異点）がいつ来るかという研究です。シンギュラリティとは、AIによる情報の処理速度というか、AIによる鍵括弧《かっこ》付きの「思考」です。やがてAIの能力が人間を超えてしまうときが来るかもしれません。それが二〇四五年だと言う人もいれば、二〇五〇年だと言う人もいる。もっと遅いのではないかと言う人もいる。

日本のロボット研究は進んでいます。話題になるのは、囲碁や将棋で人間に勝ったといったときでしたが、大したことはありません。現実の人間は、囲碁や将棋だけに特化して生活しているわけではないためです。囲碁にだけ特化しているロボットは、同時にそれ以外のこと、例えば掃除もできるでしょうか。「ルンバ」と同じようなことはできないでしょう。人間は一人で囲碁もできるし、将棋もできるし、掃除もできるし、料理もつくることができる。つまり、日本のＡＩ研究のために重要なのは、そうした何かに特化したロボットではありません。そこで注目されるのは「東《とう》ロボくん」の実績です。東大に合格するロボットをつくるプロジェクトで、二〇一一年から一六年まで行われました。

実はＡＩ技術はすでに、ＭＡＲＣＨ（明治大学、青山学院大学、立教大学、中央大学、法政大学）の一部の学科での入試の合格可能性は八〇％を超えています。ＡＩは問題文の意味を理解していないにもかかわらず、です。膨大なデータベースの中から、ＡＩは問題に合う答えを見つけてくる。ＡＩが意外とダメなのは、物理の問題だそうです。例えば設問に滑車が描いてあると、その滑車がよくわからない。滑車の図が手描きで紐《ひも》が途中でかすれていたりすると、何が描かれているか判断できないために、質問の意味がまったくわからず〇点を食らってしまいます。

余談ですが、東京藝大はどのような入試かわかりますか。私の浦和《うらわ》高校の後輩で口笛の専門家がいます。二宮敦人《にのみやあつと》さんの『最後の秘境　東京藝大』（新潮社）にも出ていますが、東京藝大の音楽科の試験に口笛だけで入りました。いまでは口笛の国際的な権威です。

しかし、東京藝大の通常の試験で口笛を吹いて合格するのは珍しい例です。例えば一〇時間かけてお面をつくれ、そして、そのお面を被《かぶ》って五分であなたのプレゼンテーションをしてみなさい、というような試験が出ます。

さて、汎用《はんよう》ロボットの研究をしている日本人に聞いたことがあります。大変なのは、熱心なあまりロボットに感情移入してしまう研究者だそうです。自分はロボット一本でいきたい、このロボットがいるのであれば一緒に生きていきたいからと、一生シングルで通すことを希望する研究者が、増えているといいます。そうなると、ロボットに人格があるかないかという問題は、あると思っている人にとってはあるのだと考えるしかありません。

AI社会になればなるほど倫理の問題に直面する

もう少し、AIについて敷衍《ふえん》します。AIが進んでくると、われわれはものすごくプリミティブ（原初的）な倫理の復讐《ふくしゅう》を受けることになるでしょう。恐らく将来的には、われわれ人間に自動車運転が認められなくなる可能性が高い。あるいは、勝手に運転してはいけないという社会になる。

将来、人間の運転による交通事故と、自動運転による交通事故の差を比べて、もし自動運転のほうが人間の運転の半分以下だということになれば、恐らく人間は、Ｆ１のような特殊な場所以外では車を運転できなくなると思います。しかし、そうなったとしても、今度は別の危険が生まれます。

例えば、目の前でクルマが急ブレーキを掛けました。このままだったら衝突してしまう。いまだったらブレーキを踏んでも間に合わないと思った瞬間、人間はほぼ何も考えないでブレーキを踏むと同時に、ハンドルを右か、左に切ります。しかし、ＡＩにはその判断はできません。

確実にぶつかるということであれば、そういう場合にハンドルを右に切るか左に切るかということをプログラミングしておかなければいけなくなります。右に人間がいて、左に誰もいなければ、それは左に切ればいい。右に人間がいて、左に犬が一匹いたら、犬がとても好きな人は別の評価をするかもしれませんが、ふつうは人間のほうを守ろうとするでしょう。

では、右に二人、七〇歳くらいの人がいて、左にも二人、こちらは二五歳くらいの人がいるとします。そういうとき、どちらにハンドルを切ればいいでしょうか。あるいは、右にいる二人はホームレス風で、左にいる二人はピシッとした背広を着ていたとしたら、どうでしょうか。あるいは、左にいるのは、偏差値七〇くらいの学校の制服を着ている中学生。右にいるのは、やはり同じ歳くらいの中学生で、入学のときは五クラスでも、卒業のときには二クラスになってしまうような学校の生徒です。どちらにハンドルを切ればいいのでしょうか。

これを保険会社に考えさせたら、補償金が少ないほうに決まっていると、確実に偏差値の低いほうが轢《ひ》かれてしまいます。そうすると、偏差値の高い・低いが命の値段にもかかわってくることになってしまいます。

いずれにせよ、いまのわれわれは、そのようなことを考えないで自動車を買ったり、運転したりしています。ところが、自動運転の自動車が普及するようになると、ディーラーからは、「では、プログラムはどのようにしますか?」といわれるようになるのです。つまり、いま言ったようなどちらかを、われわれは選ばないとなりません。

一九八〇年代にポストモダニズムが流行《はや》って以降、倫理などは大きな物語で、もはやまったく意味がないとされ、倫理は脱構築の対象だと思うようになってしまったかもしれません。しかし、AI研究が進み、こういったプログラミングをしなければいけないという社会になれば、われわれは改めて倫理の問題を考えなければいけなくなるのです。『これからの「正義」の話をしよう』（ハヤカワ・ノンフィクション文庫）がベストセラーとなったサンデル教授のような議論がもてはやされたのも、その背後には、AI化の進行があると思います。こうしたプリミティブな論理の問題と向かい合わないといけないのです。

「イエスの幼年物語」という偽書

いずれにせよ、解決できない問題というのは出てきます。それは実証主義の枠を超えてしまう問題です。それは、史的イエスの探求から出てきました。客観主義や実証主義の方法を用いて、イエスという男がいつ生まれて、どこで何をやったかということを確定しておこうという試みです。

イエスに関しては、生まれたときの話は山ほどあります。しかし、一二歳で宮参りをするまでの話が欠けている。そこで、その間を埋めるための「イエスの幼年物語」という偽典、偽りの聖書が出てきます。すごい内容なので紹介しましょう。

二　[1]このイエス少年が五歳のときでした。雨が降ったとき川の浅瀬で遊んでいて、水の流れを穴に集め、たちどころに水を澄ませてしまいました。しかも（水には）言葉で命じただけなのでした。

[2]それからやわらかい泥をこね、それで十二羽の雀を作りました。こういうことをしたのは、（ものを作ってはならない）安息日のことでした。ほかに沢山の子供達がイエスと

一緒に遊んでいました。

[3] さてあるユダヤ人が、イエスが安息日に遊びながらやったことをみて、すぐ父ヨセフのところへ行って告げました。「ごらんなさい、お子さんが小川のほとりにいて、泥をこねて十二羽の鳥を作り、安息日を汚しました」。

[4] そこでヨセフはその場に行ってたしかめ、大声で叫んでイエスに言いました。「何故安息日にしてはいけないことをするんだ」（マタイ12・2）。するとイエスは手を拍《う》って、（泥で作った）雀に叫んで言いました。「行ってしまえ」。すると雀は羽をひろげて鳴きながら飛んでいきました。

[5] ユダヤ人はみて驚き、行って重立った人達に、彼等がみたイエスの業を物語りました。

（中略）

四　[1] それからまた村を通って歩いていますと、子供が駆けて来て（イエスの）肩に突き当りました。するとイエスは怒って言いました。「お前はもう道を歩けない」。すると子供は忽ち倒れて死んでしまいました。ある人達がこの出来事をみて言いました。「この子は一体どういう生れなのだろう。言うことはみな成就してしまう」。

[2] それで死んだ子の両親はヨセフのところへ来て咎めて言いました。「あなたにこんな子がいるからには、私達と村で一緒に暮すわけにはいきません。（それがいやなら）あの

子に祝福して呪わないように（ローマ12・14）教えなさい。私達の子供を殺すのですか
ら」。
五 [1]それでヨセフは少年を呼び寄せ、ひそかにいましめて言いました。「どうしてあ
んなことをするんだ。あの人達も困るし、それに私達を憎んで迫害しているぞ」。イエ
スは言いました。「こうしたお言葉があなたのものでないことは解っています。でもあ
なたのために黙っていましょう。しかしあの人達は（やはりある）罰を受けるのです」。
すると彼を訴えた人達はすぐ盲になってしまいました。
[2]するとこれをみた人達はひどく怖れまた困惑しました。そしてイエスのことを、その
語る言葉は、善いものも悪いものも、みな成就して奇蹟となる、と言いました。さてヨ
セフはイエスがこんなことをしでかしたのを知って起って行き、耳をつかんでひどく引
っ張りました。
[3]少年は腹を立てて言いました。「あなたはものを探してもみつけないのがいいのです。
あなたはほんとうに賢からぬ振舞いをした。私があなたのものだということが解らない
のですか。私を悲しませないで下さい」。

（荒井献編『新約聖書外典』講談社文芸文庫、一九九七年、四三〜四六頁）

このような話を集めたのが、「イエスの幼年物語」という偽書です。

この偽書ができた当時は、グノーシスという神秘教団がありました。キリスト教にも影響を与えていますし、ストア思想にも影響を与えています。そのグノーシス思想が入ってつくられた全知全能のイエス像が、これらの話に出て来るイエスです。本来のキリスト教とは関係ないということで、いまの聖書からは弾《はじ》かれています。

しかし、グノーシスのようなものは、いまでもあります。一昔前なら火あぶりにされるような説教をしている牧師はいくらでもいます。以前、ある人の葬式に行ったら驚きました。そこの牧師が、何とかさんが亡くなって、ようやく肉体の苦しみからこの人は解放され、魂は天国に上がっていきましたなどと言っていたのです。これはグノーシスです。

キリスト教では、肉体も滅びれば、魂も滅びます。魂だけが生き残って清いという思想はありません。説教を聞きながら、この牧師は三〇〇年前だったら異端として火あぶりになったはずで、いまの時代でよかったなあと思ったものです。

宗教学と神学は仲が悪い

結局、イエスとはどういう人なのか。その結論は出ました。一世紀にイエスという男がいたことは証明できない。同時に、一世紀にイエスという男がいなかったことも証明できない。

以上の蓋然《がいぜん》性が乏しいことだけが結論です。

そこから、神学には二つの流れが生まれます。一つは、実証できることだけをやろうというものです。イエスがいたか、いないかという実証できないようなことを研究するのではなくて、どのテキストのどれが真正で、何年ぐらいまで遡《さかのぼ》れるかという、実証的な文献学を徹底的にやるという立場です。神さまがいるか、いないかということはわからない。わからないことを研究しても無駄だという考えです。

このような考え方の神学が発展していくと、欧米では宗教学部、あるいは宗教学科になりました。だから、宗教学と神学というのは仲が悪いのです。宗教学は、どちらかというと客観性、実証性を重視して宗教を現象として分析していくという、乾いた学術的な立場だからです。

それに対し、別の考えもあります。イエスが一世紀にいたか、いないかということは、証明もできないし否定もできない。しかし、一世紀の終わりにイエスという人がいて、その人を救い主であると信じていた人たちがいたということは確かである。そこまでは実証できる。実証はそれでいい。そこで、イエスに関する出来事は実証できないが、イエスは確実に存在したと想定される、と考えました。これがウアゲシヒテ、原歴史という考え方です。この考え方を取ると、神学の発想のほうに近づいていきます。

こうした神学的な発想をすると、実証主義の枠組みを超えた発想になります。しかし、それは単なる思いつきやデタラメではありません。実証はできないが確実に存在した、そのように想定されるなんらかの根拠があるのです、という説明になっていきます。

神学者というのは、基本的には客観性や実証性を信用しません。なぜかといえば、第一次世界大戦が起きたからであり、それに次いで第二次世界大戦が起きたからです。一九世紀という時代は、一部にロマン主義という反動があったにせよ、基本的には啓蒙主義の時代でした。基本は科学技術を発展させていけば、理想的な社会がつくれると、多くの人が信じていました。しかし、その結果生まれたのは、二〇世紀の第一次世界大戦、第二次世界大戦による、大量殺戮《さつりく》と大量破壊だったのです。

定量的なデータと人間の受け止め方の違い

ＡＩの話は、近年の日本では非常に話題になっています。なぜＡＩの技術がこれほど急速に進んでいるのかといえば、無人殺人兵器をつくっているからです。例えばイスラエル軍ではいま、人をパッと見るだけで、自爆テロ用の爆弾チョッキを装着しているか、していないかがわかります。相手の立ち居振る舞い、衣服の着心地の様子、肌の色を見るだけで判断でき、あるいは相手を透視すればプラスチック爆弾が付いているかどうかが調べられるからです。もし、爆弾を認知できたら、すぐに小型ミサイルを発射して殺してしまいます。そのようなＡＩを使った兵器は、既に開発が進んでいます。

つまりこれからは、ＡＩを使った無人兵器を持っている国が戦争を制するわけです。日本がＡＩに関して軍事利用をしない、平和目的に限定すると言っていても、ＡＩそのものが軍用品と汎用品の差がほとんどありません。核兵器は大掛かりな仕掛けがないとつくれないため、露見しやすいものですが、ＡＩやサイバー兵器は、極端に言えばどこかの山奥で小さなコンピュータが数台もあればできるわけです。隠蔽《いんぺい》も簡単で、仮に査察が行われても、一般的な民生用の汎用品との区別も、ほとんどつきません。

そう考えると、これからＡＩ、サイバー空間の問題は重要になります。先ほど自動運転の話をしました。自動運転の結果、仮に交通事故で死ぬ人間が一年に四〇〇〇人から二〇〇〇人に減少したとします。一方、一年間で一回か二回、サイバー攻撃によってトラックが歩道を暴走して、それで五〇人が亡くなったとします。トータルの死者数を比較して、自動運転の普及によって交通事故死が二分の一になりましたと言われても、一般の人間の受け止め方としては、どうしてサイバー攻撃を防ぐことができないのか、ということになるでしょう。

ＡＩをいっさい使わなければ、サイバー攻撃もされません。そうなれば、ＡＩというもの自体の問題ではないかという議論も、いくらでも出てくる可能性があります。これは定量的なデータで出てくるものと、人間の受け止め方とが異なるという話です。

上原専禄は「死者との連帯」を考えた

さて、こういう混沌《こんとん》とした状況の中において、われわれがもう一つ考えないといけないのは、他者の問題です。他者とは何か。自分ではない他人である。では、他人と自分の根本的な違いは何でしょうか。

ここで、哲学者のヴィトゲンシュタインを援用しましょう。後期のヴィトゲンシュタインは、他者の話をよくしています。ヴィトゲンシュタインによれば、言語ゲームが通用しない人が他者となります。言葉が通用しない人が他者、ということです。ヴィトゲンシュタインは、他者を論じる際、頻繁に外国人を例に取っています。しかし、言葉が通じない他者は、外国人だけではありません。例えば精神障害者もそうです。ただし、外国人や精神障害者とは、何かしらコミュニケーションは可能になり、どこかで合意を形成することはできます。だから、他者を考えるときには、もう少し幅を広げないといけません。

日本にマックス・ウェーバーを紹介した一人で、東京商科大学（現・一橋大学）の先生を長く務めていた上原専禄《うえはらせんろく》という歴史学者がいます。上原専禄は、日本のリベラル派の代表でした。ところが、自分の奥さんが末期医療を受け、体中にチューブを付けるような形で苦しみながら亡くなっていく姿を見て、ふと思いました。ウェーバーには限界がある。生きている人のことしか考えていない。われわれは死者について考えることをやめてしまったが、これは間違いである、と。そこで彼は日蓮研究に向かいました。研究を集大成した本は『死者・生者――日蓮認識への発想と視点』（未来社）です。

上原が考えた死者との連帯の話は、大切だと思います。なぜなら、われわれは、死者とコミュニケーションを取れないからです。精神障害者や外国人とは、たとえ言語による合意ができなくても、コミュニケーションを取ることが可能です。身振りや視線などによって、何かを感じとり、何らかの合意を取れる。しかし、死者にはそれができない。では、死者とどうやって対話するのか。そのためには、実はいろいろな方法があります。

例えば靖国《やすくに》神社について語るときに、あの戦争は侵略戦争だった、靖国にいるのは国に騙《だま》されて死んだ人たちだといった見方からだけでは、私は死者との対話はできないと思います。靖国神社に祀《まつ》られている死者と対話をするのであれば、その人たちはどのような気持ちを持ってあの戦争に従事し、死んでいったのかを追体験しなければいけません。そのためには、『きけ わだつみのこえ』（岩波文庫）もあるし、京都学派の田辺元《たなべはじめ》の『歴史的現実』（こぶし書房）や高山岩男《こうやまいわお》の『世界史の哲学』（こぶし書房）もあります。もちろん遺族の中で伝えられている口伝的なものもあります。そうしたありとあらゆるものを生かして、われわれの解釈能力を研ぎ澄ます。それによって、死者との対話は可能となるはずなのです。

一生を東大攻撃に尽くした蓑田胸喜

そのような意味では、私がしている仕事のほとんどは、死者との対話です。例えば、チェコの神学者のヨゼフ・ルクル・フロマートカは、一九六九年にとうに死んでいて会ったこともありませんから、その人の研究をしているというのは、死者との対話といえます。また、一九三七年に文部省がつくった『国体の本義』という、戦後は占領軍が最初に神道指令で配布禁止にした出版物がありますが、私がそれを読み解いて一所懸命研究したのも、あの戦争で死んだ死者と対話したかったからです。

『国体の本義』は、読み解いてみると意外と興味深い。『国体の本義』の刊行前には、国体明徴運動がありました。これは、天皇は国家元首なのか、国家の機関なのか、それをはっきりさせろという運動です。それまで、戦前の東京帝国大学で教えていた通説は、美濃部達吉《みのべたつきち》の天皇機関説でした。一方、東大には、天皇主権説を取る上杉慎吉《うえすぎしんきち》もいた。

戦前の高等文官試験の外交科と司法科と行政科のすべてに合格した、吉野文六《よしのぶんろく》さんから聞いた話です。憲法の問題は、必ず二題出たそうです。一題は美濃部学説で書く、もう一題は上杉学説で書く。出題を見るだけで解答の仕方がわかった、ということです。ちなみに第二次世界大戦後から一九七〇年代まで、国家公務員上級職員試験の経済学の問題は、筆記試験三題でした。経済原論、財政学、経済政策の三科目で、それぞれ二問の中から一問を選択します。マルクス経済学と近代経済学の問題が混在していました。つまりマルクス経済学を学んで日本の官僚になっても、別に問題はなかったわけです。

戦前の高等文官試験でも、思想が問題になるわけではありませんでした。上杉慎吉の思想を持っているから極右というわけではない。そうではなく、教科書に書いてある内容を理解して、あるいは理解しなくても暗記して、一時間半から二時間の間でその内容を復元できる能力。それを問われているわけです。そのため、語られる内容は何でもいいのです。公務員試験や司法試験で問われている能力とは、そういうものです。

その意味で、戦前の日本のエリートは冷めていました。ところが、世の中には本物の右翼がいます。蓑田《みのだ》胸喜《むねき》です。東京帝大を出たあと、慶應予科の先生になり、その後、国士舘の先生を務めました。

一九〇五年に東京帝国大学文学部に宗教学科ができたとき、最初の先生は姉崎正治《あねさきまさはる》という人で、日蓮宗の熱心な信者でした。ここでも日蓮が関係してきます。東大で姉崎は切支丹《きりしたん》史の研究をしており、姉崎の切支丹史の五巻本は、いまでも切支丹史を勉強するときにはマストの文献となっています。さて、蓑田胸喜は東大の先生になりたかったのですが、バランス感覚が欠けていたため、姉崎正治に嫌われて、つまみ出されました。それから蓑田は、日本のすべての悪事は本郷《ほんごう》三丁目から来ている、つまり東京大学は諸悪の根源だと、一生を東大攻撃に尽くします。その蓑田が、天皇機関説の美濃部を排撃しました。

蓑田は激しかった。『原理日本』という機関誌を出していて、そのキャッチコピーで「美濃部達吉博士は自決せよ」と書いています。「自決」とは、自害しろという意味ではなく、進退を自分で決めろという意味です。こういう怖い言葉を使って、多くの学者を脅し上げました。津田左右吉《つだそうきち》も、西田幾多郎《にしだきたろう》もやられました。次から次へと有名教授をやっつけていきます。向かうところ敵なしです。

蓑田は、右翼では珍しいことに、外国語を読めました。だから、ヒトラーの『我が闘争』の翻訳が出たときには、一文一文定規を当てて、『我が闘争』の原文と日本語訳をチェックしました。そこで、日本人を劣等人種だと書いているところが翻訳されていないと気づくのですが、「ヒトラー総統が日本人を劣等人種と思っているはずはない」と、ドイツ大使館まで行く。「どの日本人がこういうことをヒトラーに告げ口したのか、それを教えろ」と聞いたそうです。ドイツ大使館も困って、適当にあしらったようです。

蓑田は大物の大川周明《おおかわしゅうめい》にまで文句を言います。一九三九年に大川の『日本二千六百年史』（第一書房）という本がベストセラーになりますが、これが蓑田の頭にきた。彼は、わざわざ検事局にまで訴えます。

この本で、大川周明は次のようなことを書いています。元寇《げんこう》のときに、日本は神風で勝ったと言われていますが、北条時宗《ほうじょうときむね》の適切な指導のもと、博多《はかた》ではきちんと防戦態勢を敷いていた。だから、モンゴルと高麗《こうらい》の連合軍を追い払うことができたのだ、と。これは、現在ではきわめて正しい考え方です。

ところが蓑田は、伊勢《いせ》の神風を軽視するもので不敬思想だと批判しました。元寇は、全面的に伊勢の神風で勝利した、というわけです。また、武家の棟梁《とうりょう》としてはなかなかの人物であると、逆賊・足利尊氏《あしかがたかうじ》を大川は賞揚している。これは子どもに悪い影響を与えるからけしからんと、不敬罪だと大川を攻撃したのです。

すると、右翼の大物で五・一五事件の首謀者の一人でもある大川周明が蓑田胸喜を怖がり、記述を改めました。その後の版では、伊勢の神風でモンゴルを追い払ったとし、足利尊氏のところは削除したのです。

『国体の本義』を書いた男

このように、蓑田胸喜はいつも敵を探していました。そのうち、心配になっていきます。これほど多くの不心得な連中が跋扈《ばっこ》するのであれば、もう、欧米の科学技術思想はすべて拒否していくしかない。

蓑田胸喜の友だちに三井甲之《みついこうし》という歌人にして国家主義者がいます。彼は日蓮宗ではなく浄土真宗で、『親鸞研究』（東京堂）という本を書いています。三井の思想は、このようなものです。親鸞は破壊だけをしろと言っている。何か新しいものをつくるということを考えたらいけないのだ。それが絶対他力におすがりするという考え方で、日本では天皇さまがすべてやってくださる。だから、建設を考える者は不敬であり不逞《ふてい》の輩《やから》で、いまある世の中を破壊しようとしていることになる。よって、そういう不敬・不逞の者は殺す。そうすれば、おのずから良い世の中になる。

三井は、欧米の思想もすべて排撃しろと言い出しました。そうなれば、物理学も化学も認めないことになります。戦艦大和《やまと》も零戦《れいせん》もつくれません。

そこで政府は困り、文部省が『国体の本義』という啓蒙的な冊子をつくりました。ここで言っていることは、国粋主義は、日本の国体と合致していない、ということです。

どのような書き方だったか、解説しましょう。日本の国体は、寛容性に特徴がある。これまでも、さまざまな国の文化や宗教を取り入れて、日本型に土着化させてきたし、これからもそうしていく。いま重要なことは、資本主義をこのまま放置してはいけない、ということだ。格差が拡大してしまう。下になった人間が這《は》い上がれない。共産主義もよくない。これは人間が理想郷をつくれるという間違った考え方で、恐怖政治を招く。ファシズムもよくない。歴史がなく、意志の力によって何でもできると思うのは大間違いである。日本の伝統を生かしていく中に、欧米の科学技術の成果をきちんと踏まえていく。それは接ぎ木ではできない。欧米の思想の奥深くまで入っていかないといけない。

このような発想で書かれています。実は、レベルの高い内容です。原案を書いたのは国民精神文化研究所員の志田延義《しだのぶよし》でした。和辻哲郎《わつじてつろう》も編纂《へんさん》委員に入っています。

ところが、このような高度なテキストは、誰もまともに読んでくれませんでした。むしろ、多くの人が蓑田胸喜の仲間のようになっていく。当時、大日本言論報国会の会長として、言論界に君臨していたのはジャーナリストの徳富蘇峰《とくとみそほう》です。彼は、「美濃部博士の天皇機関説は読んだことはない。しかし、機関説という名前がけしからんので、断固排撃するべきだ」と、蓑田に与《くみ》しました。みんな蓑田が怖かったために、彼の排撃思想を非難しなかったのです。

ところが、戦後になると、誰も蓑田胸喜について言及しません。どうしてかといえば、蓑田に妥協した自分の姿が恥ずかしいからです。当の蓑田胸喜は一九四六年、熊本の実家に帰ってから首を吊《つ》ってしまいました。その意味では、時代の精神に殉じた男であり、大したインテリといえます。

ところで一高の校長を務め、当時の国体思想のイデオローグの一人だった橋田邦彦《はしだくにひこ》の死生観も興味深いです。橋田は、一九四五年にＧＨＱから呼び出されます。神道指令との関係で、軍国主義思想をつくった人物とされたのです。警察が迎えにくると、玄関先で「ちょっと待ってください。身を整えてきます」と言って、いったん部屋に帰ります。戻ってきて靴を履いているときに、「ウッ！」と言って泡を吹いて彼は倒れました。青酸カリをあおっていたのです。橋田も時代に殉じた人、と言えるでしょう。蓑田胸喜にしても橋田邦彦にしても、根性が汚い人間ではありませんでした。

危機の時代に立ち返るべき人

われわれは、どうもこの辺の事柄を簡単に捨て去ってしまっています。明治以降の日本、特に昭和日本の危機を抜け出していこうという運動の中で、やはり日蓮の影響を抜きには考えられません。他方、アドルフ・ヒトラーが一番尊敬した人物がいます。それがルターなのです。ナチズムを考えるうえでも、ルターを抜きにしては考えることはできないのです。

このように、危機の時代をどのように抜け出すかというとき、必ずわれわれが立ち返るべき人が何人かいます。そのうちの一人が日本では日蓮であり、ヨーロッパ、特にドイツを考える文脈においてはルターなのです。

今日は、こうした問題意識を提示した序論でした。次回から、具体的なテキストに入って、読み解きをしていきたいと思います。日蓮は『立正安国論』を読んできてください。それから、ルターの『キリスト者の自由』も読んできてください。翻訳は聖文舎《せいぶんしゃ》版が一番いいのですが、高いため、岩波文庫でけっこうです。『立正安国論』はとりあえず講談社学術文庫版を使います。どうしてかというと、全訳が付いているからです。岩波文庫の『立正安国論』は、後注は付いていますが、現代語訳が付いていません。いまの若い世代の方には、古文は半分くらい外国語でしょうから、現代語訳が付いていたほうがいいと思います。

（二〇一七年二月七日）

第二講　改革と革新の源流

『立正安国論』の解説が難しくなるのには理由がある

これから、日蓮《にちれん》の『立正安国論《りっしょうあんこくろん》』と、それからルターの『キリスト者の自由』を両方、トランスで読んでいきます。ただし、あらかじめ言っておくと、両方とも全部を読むことはできないし、その必要もありません。

この講座で学ばないといけないことは何か。それは、この種のテキストを自力で読める基礎体力をつけていくこと。それが何よりも重要です。ですから、今回の講義で読むのは一部ですが、核心になる部分を読んでいきます。そこを読む力があれば、全体を読みこなしていくことができるからです。

ただし一つ、難点があります。これは受講生の世代によって違うと思いますが、漢文の知識です。漢文の読み下し文をスラスラと読めるかどうか、その力があるかどうかで変わってくる。だから、難しいと思った人は、読み下し文を何度か読んで意味を摑《つか》んでいかないといけません。

なお、テキストとして薦めておいて申し訳ないのですが、『立正安国論』について指定した講談社学術文庫版の解説は、多くの方は理解するのが大変だったのではないかと思います。どういうことかというと、日蓮系の教団は日蓮への記述になると、どこも激しくなるのです。そのため執筆者は、あちこちどこからも文句が来ないようにと注意して解説を書くため、てんこ盛りになってしまい、何を言っているかわかりにくくなってしまうわけです。

私が見た中で、『立正安国論』に関して首尾一貫して説明がわかりやすいものは、一つしかありませんでした。それは『池田大作全集《いけだだいさくぜんしゅう》』(聖教新聞社)です。『池田大作全集』の二十五巻と二十六巻が「講義」という巻で『立正安国論』の講義となっています。富士門流《ふじもんりゅう》の立場からのわかりやすい講義です。しかも、読み下し文、解釈の両方ともわかりやすく、調べた中では、最も詳しい。この講義では主には扱いませんが、もし自分で勉強するのであれば『池田大作全集』の二十五巻と二十六巻を買って、じっくり読むのがよいと思います。

なお、ルターの『キリスト者の自由』については、どこを探しても、そういう解説書に該当するものはありません。この辺りがやはり、日本におけるキリスト教と仏教の基礎体力の違いだと思います。

「不受不施派」

まず、日蓮その人から確認していきましょう。日蓮は、一三世紀の人です。一二二二年に安房《あわ》国の小湊《こみなと》(現・鴨川《かもがわ》市)で生まれます。小湊に、いまは誕生寺《たんじょうじ》というお寺が立っています。ここは、江戸時代は弾圧を受けた寺でした。日蓮宗の中には「不受不施《ふじゅふせ》派」という一派があり、江戸時代のある時期まで、その不受不施派にこの寺は属していたからです。

不受不施派について、簡単に説明します。豊臣秀吉《とよとみひでよし》が全盛期の頃、京都に大仏殿をもつ方広寺《ほうこうじ》（天台宗）という大寺院を建立して、千僧供養というものを行いました。天台、真言はじめ、当時のすべての仏教宗派に声をかけて僧侶《そうりょ》を集めたのです。しかし、日蓮宗の中で一部の人たちは断りました。彼らは「ほかの宗派の人からはお布施を受けない。その代わり、自分たちも供養を施さない」と主張した。つまり「不受・不施」です。いわば、自分たちの閉ざされた空間の中だけで宗教的な活動をすると、このグループの人たちだけは秀吉の招きに応じなかったのです。しかしそのため、不受不施派のグループは、切支丹《きりしたん》以上に強い弾圧を受けることになってしまいました。

江戸時代に入っても、不受不施派以外の日蓮宗は公認されましたが、不受不施派は厳しい追及を受けました。滅びてしまったと思われていましたが、実はいまの岡山県の山奥にずっと残っていたのです。ただ、本来のドクトリン（信条）に関してはもう継承されていません。その村で人には絶対に言わないという、ほとんど隠れ切支丹みたいな形で不受不施派の力は守られてきました。これも、日蓮系の教団のパワーのすごさだと思います。

日蓮はあらゆる既存仏教を学んだ

さて日蓮は、数えで一二歳のときから近所の天台宗の寺（清澄寺《せいちょうじ》）には出入りしていました。そして、一六歳になったとき、出家します（一二三七年）。当時、一六歳はもうりっぱな大人です。

その後、上京して学びます。比叡山《ひえいざん》や三井寺《みいでら》のような天台宗の寺はもちろん、紀州《きしゅう》の高野山《こうやさん》のような真言宗の本山や、奈良の古寺にも行き、徹底的に勉強する。当時としては大変なインテリであり、ものすごく向学心を持っていたと言えるでしょう。

まず、天台のメインストリームの教学をよく学びます。その頃、天台のメインストリームを学ぶ人というのは、いわゆる南都《なんと》仏教、平安以前の奈良時代の仏教のことは、あまり勉強しませんでした。ところが、日蓮はじっさいに奈良の寺々にも赴き、法相宗《ほっそう》のような南都六宗も勉強しています。さらに、仏教を日本に伝えた拠点とされる難波《なにわ》の四天王寺《してんのうじ》（大阪市）でも勉強している。ありとあらゆる有名なお寺を総なめにして、勉強して、修行しているのです。

そのプロセスの中で、日蓮が非常に不満に思ったことがあります。それは、「念仏」の強い影響力です。自分より九〇年ほど早い、法然《ほうねん》の教えを中心とした念仏、いわゆる「南無阿弥陀仏《なむあみだぶつ》」さえ唱えれば誰でも救われる、というドクトリンが強い影響を持っていることを、問題だと考えるようになります。

これは当時から現在に至るまで、たいへん大きい問題になっていくわけです。日本の社会倫理に影響を与え続ける、仏教の鋳型の問題といってもいいでしょう。禅は究極的にはまた別のフレームになると思いますが、私の考えでは、仏教において社会的な活動をやる力があり、影響力も大きいのは、一つは浄土宗、浄土真宗であり、もう一つは日蓮系の教団です。

仏教とテロリズムの思想の親和性

日蓮系の教団といえば、現在の日本でいちばん有名なのは、創価学会《そうかがっかい》です。ただ、戦前の歴史から考えると、創価学会のような絶対平和主義の方向に向かった教団よりも、田中智學《たなかちがく》を始めとする日蓮主義と国家主義が結びついた思想と、それを主唱する国柱会《こくちゅうかい》などが連想されます。そのため、日蓮と国家主義という文脈の中での研究はたくさんなされていますし、戦前の国家主義的な思想というのは、日蓮がそもそも持っていた思想と関わりがあるのではないかと言われるわけです。

ところが、政治学者の中島岳志《なかじまたけし》さんと話したときに、とても面白いことを聞きました。中島さんは、田中智學に興味を持って一所懸命研究をしており、戦前のテロリズム全般に詳しい。その中で、日蓮系の教団の場合はニヒリズムの要素が非常に少なく、建設の思想、何らかの形で社会を構築していく発想がある。それに対して、親鸞《しんらん》など浄土真宗の系統がテロリズムに走ると怖くなる、と。

具体的にどういう人物がいるかと尋ねると、三井甲之《みついこうし》を挙げられて、三井の『親鸞研究』を読んでみるとわかると教えてくれました。読んでみたところ、驚きました。絶対他力におすがりして、絶対他力を信じる。テロリズムというのは、こういう回路で来るのかと思いました。

法然は、われわれの救済は、他力しかないと言います。なぜなら自力、つまり「自分の力」で救済されるという考えは、この末法の世、人間の苦しみにおいて、人間の力を過大評価していることになるからだ、という主張です。

では、親鸞はどうでしょうか。法然も親鸞も「南無阿弥陀仏」を言えば救われるというのは同じですが、法然の場合は「南無阿弥陀仏」を唱える行為そのものは、自分の主体性であると考えます。しかし親鸞は、そこにすら自分の主体性はないといいます。すなわち「南無阿弥陀仏」と言わされているのだという考え方です。「南無」というのは、何かに対して「帰依」するということです。すると「南無―阿弥陀仏」つまり「阿弥陀仏に帰依します」ということは、親鸞によれば、他力から言わされているということになります。

中島さんはそこで、もしその親鸞系の思想が仏と結びつかず、天皇と結びついたら、どういうふうになるかと考えます。この世の中というのは、天皇さまにすべておすがりして、天皇さまに全部お任せすればいいから、われわれ人間は何もやる必要はない。そうすれば、天皇さまのお力によって、おのずから善きものができる、ということになります。

だから、浄土真宗系のテロリストは、その前にわれわれがやらないといけないのは、いまの腐れきった体制を徹底的に破壊することだ、ということになる。建設についてはいっさい考えないのです。破壊に特化することによって、世の中の構造は転換される。このようなテロリズムの回路が出来上がることになります。

例えば、蓑田胸喜《みのだむねき》や井上日召《いのうえにっしょう》など、戦前の右翼は、たいてい日蓮系として捉《とら》えられていますが、実は彼らには、親鸞系の流れが強いという共通点がある、というのが、中島さんの一つの作業仮説です。これは説得力があります。

親鸞系、浄土真宗系の考え方の中には、キリスト教、特にプロテスタンティズムが行き詰まっていったファナティシズムにも近いところがあるように思います。

日蓮は専守防衛的だった

日蓮自身は、一二五三年（建長《けんちょう》五年）四月二八日の朝、日の出に向かって、「南無妙法蓮華経《みょうほうれんげきょう》」を唱えたとされます。「南無―妙法蓮華経」、つまり「法華経《ほけきょう》」という「題目」に帰依するのだ、帰依する対象は「阿弥陀仏」ではない、この法華経というドクトリンなのだという宣言です。こういう方向で新しい仏教解釈をつくっていくわけです。そして、一二六〇年に『立正安国論』を著します。

この時代、最も権力を持っていたのは北条時頼《ほうじょうときより》、前の執権です。引退していましたが、実質的な権力は時頼のところにありました。そして、『立正安国論』は、時頼の手元にまでちゃんと到達しました。ところが、当時勢いのあった念仏宗、法然や親鸞の教えを徹底的に批判し、また、権力者たちとの関係も深かった禅宗も批判しているので、こうした他宗の多くの僧たちから住まいを襲撃され、やがて日蓮は鎌倉《かまくら》幕府からも追われることになります。

日蓮はこの本で、日本の現実をしっかりと見据えたうえで、国家にとっての重大事をきちんと言っています。いま、国の中だけでも疫病がたいへん流行《はや》っていて、地震のような天災地変もしばしば起きている。しかし、これだけでは済まないぞという警告です。そして、近い将来において、未曾有《みぞう》の外敵による侵略がある、それを予告するわけです。結局、それは何かというと、蒙古《もうこ》（モンゴル帝国）の襲来でした。

もちろん、鎌倉時代の話ですから、実証はできません。しかし、神がかり的なトランスの状態で『立正安国論』を書いたということではない、と私は考えています。なぜなら、日蓮は、当時超一級の知識人なのです。内外の情報ネットワークもありました。その中で、東アジアの国際情勢を見る目を、日蓮はきちんと持っていました。だから、近未来においてモンゴルが必ず日本にも来るということを警告したのだと思います。

確かに日蓮は激しい人で、『立正安国論』を著す前からいろいろな人たちとトラブルを起こしていました。ただし、調べてみるとわかりますが、自分の側から喧嘩《けんか》を売っていることはないのです。喧嘩は、必ず相手から売られている。しかし、その応戦においては、ものすごく激しいのです。だから、専守防衛的なところがあります。絶対的な平和主義でありながら、売られた喧嘩には徹底的に厳しい。そこが、日蓮の面白いところです。

日本は内ゲバで相手を殺す傾向が強い

少し、別な話をします。創価学会と、日蓮正宗《しょうしゅう》の大石寺《たいせきじ》について触れておきたいと思います。もともと創価学会は一九三〇年代に、日蓮を宗祖とする多くの日蓮系の宗派の一つ、日蓮正宗の在家信徒集団の「講」としてスタートしています。大石寺は、静岡県富士宮市《ふじのみや》にある日蓮正宗の総本山です。日蓮の直弟子の一人が創建した古刹《こさつ》で、創価学会の信徒も長い間、信奉していました。ところが、一九七〇年以降、学会と寺は対立し、たいへん大きなトラブルに発展します。しかし、両者間で激しい争いになってはいるのですが、死者は一人も出ていません。

日本という国は、実は基本的には内ゲバが好きな国です。遡《さかのぼ》れば、多くの人が好きな、幕末で人気の高い坂本龍馬《さかもとりょうま》も新選組《しんせんぐみ》もみな、内ゲバの大将のような人たちです。それから、一九三〇年代の陸軍内部の統制派と皇道派の争い。これも典型的な内ゲバです。そして、一九七〇年代前後の新左翼運動。激しい内ゲバも、日本の一つの伝統のようなものと言えるでしょう。自分は絶対に正しいというドクトリン、思想信条を持つ。政治家であれ、宗教者であれ、この国の人は、いったんそういうものを持つようになると、敵対する相手を殺す傾向が、残念ながら強い。

ところが、一見あれだけ激しく見えるような創価学会なり、日蓮正宗なりの人々の間で、どれほど対立が激しくても、死者が出ていません。このようなことをどう捉えるかというのは、日本の社会運動史、宗教史を理解するうえで、重要だと思っています。

同じキリスト教徒であっても憎しみ合い、大量殺戮《さつりく》にも至ってきたのに対し、仏教の中の日蓮系を共に信じ、激しい憎しみをお互いに抱きながらも、ある一線で留《とど》まっている。これは、日蓮という人そのもののドクトリンの中に理由がある、と私は思っているのです。

さて、日蓮は一二七一年に佐渡《さど》に流されます。一般的には、この佐渡に流されたあとの日蓮のドクトリンが体系化されたドクトリンであり、『立正安国論』を始めとする初期の思想は、まだ体系化のプロセスにあるものだとされています。

したがって、初期の思想を一所懸命には学ばない傾向が、少なくとも身延《みのぶ》系の日蓮宗の中では強いと思います。むしろ、この『立正安国論』に注目したのは、戦前の田中智學や日蓮系の教団から出てきた右翼運動の人たちです。一方、それとまったく逆に、創価学会のような絶対平和主義に立つ牧口常三郎《まきぐちつねさぶろう》も『立正安国論』を重視しました。主義主張は正反対でも、在家のこうした人たちに読まれ、日蓮系の出家者、僧侶たちからは、それほど関心を持たれたテキストではない、という点も面白いところです。

日本の知識人は日蓮嫌いが多い

佐渡に流されていた日蓮は、一二七四年の春に赦免となり、鎌倉の有力な武士、平頼綱《たいらのよりつな》に呼ばれることになります。そこで、幕府から訊問《じんもん》されるわけです。「蒙古（モンゴル軍）の来襲はいつぐらいか」。日蓮は答えます、「今年あたりではないか」。すると、本当にその年の一〇月に大軍が攻めて来た。文永《ぶんえい》の役です。さらに一二八一年六月に、蒙古はもう一度、来襲する。弘安《こうあん》の役です。

この七年の間、日蓮は身延山（山梨県）で久遠寺《くおんじ》を開いたりしていました。そして、蒙古が再来襲した年の翌年、一二八二年一〇月に、旅行途中で立ち寄った支援者の一人、池上宗仲《いけがみむねなか》の邸で亡くなりました（現在の東京都大田《おおた》区の池上本門寺《ほんもんじ》）。

日蓮の生涯というのは、端的にいえば、国家の指導者に対して「おまえたちは間違えたことをしている。だから悔い改めて、正しい考え方をしっかり持たないとダメだ、そうしないと、国をあやうくするぞ」。このようなことを言い続けた人生です。どんな相手、どんな所であっても論戦を恐れない。そして、常に論の中で戦い、生涯論戦をし続けた人であったということが重要です。

そのせいかどうか、全体的に見ると、日本の知識人には、日蓮嫌いが多いと思います。例えば法然や親鸞に関しては、哲学系の人もキリスト教系の人でも、少なくない知識人が思いを籠《こ》めて取り上げて扱いますが、日蓮というと、なにかキワモノみたいな感じに捉えて、触りたがりません。

ただし、キリスト教側でも例外的に、日蓮を取り上げた人がいます。内村鑑三《うちむらかんぞう》です。内村は日蓮を五人の『代表的日本人』の一人として、英語で世界に紹介しました（ほかの四人は、西郷隆盛《さいごうたかもり》、上杉鷹山《うえすぎようざん》、二宮尊徳《にのみやそんとく》、中江藤樹《なかえとうじゅ》で、仏教者は日蓮のみです）。

『立正安国論』は「下降史観」で始まる

それでは、講談社学術文庫版の『立正安国論』を読んでいきましょう。角川ソフィア文庫の「ビギナーズ」シリーズは現代語訳が先ですが、ここでは読み下し文から始めましょう。先に原文に触れてもらいたいからです。まず第一段。

【読み下し】

旅客《りよかく》来《きた》りて嘆《なげ》いて曰《いわ》く、近年より近日《きんじつ》に至るまで、天変《てんぺん》・地夭《ちよう》・飢饉《ききん》・疫癘《えきれい》、遍《あまね》く天下に満ち広く地上に迸《はびこ》る。牛馬巷《ちまた》に斃《たお》れ骸骨《がいこつ》路《みち》に充《み》てり。死を招くの輩《ともがら》既に大半を超え、之《これ》を悲しまざるの族《やから》敢《あえ》て一人も無し。


【現代語訳】

旅の客が訪ね来て、嘆いていった。

「近年から近日にいたるまで、天変地位や飢饉・疫病があまねく天下に満ち、広く地上を覆っている。牛馬は路上に倒れ伏し、人の屍と骨は道にあふれている。命を失った者はすでに大半に及び、この惨状を悲しまない者はだれひとりとしていない。」

（佐藤弘夫全訳注『日蓮「立正安国論」』講談社学術文庫、二〇〇八年、五九〜六〇頁）


『立正安国論』は、構成自体が面白い。全体で第一段から第十段まで、現代的に言うと一〇章構成になっています。そして、主人とお客の対話、「問い」と「答え」という形で書かれています。問いと答えということは、弁証法的になっているということです。そのため、読み進むとプラトンの対話篇《へん》などを想像させるような、弁証法的構成が実感できるのです。

主人とお客の対話形式で構成されていると言いましたが、客が見た現実への嘆きから始まっています。ここで考えないといけないのは、「下降史観」です。時代が経てば経つほど、世の中は悪くなり、危機的になってくるという考え方です。正確にいえば、正法、像法、末法で、末法の世に入ってくるという考え方ですが、こうした下降史観は基本的に仏教だけではありません。キリスト教の世界でも同様です。

われわれの日常的な一般的な会話の中でも、「初心忘るべからず」という言い方がありますこれも実は、時間とともに悪くなってくるという下降史観に基づいています。ここのところが、われわれは皮膚感覚でわからなくなっています。進歩を信じるようになったのは、啓蒙主義以降です。政治的にはフランス革命以降と言ってもいいでしょう。その影響を受けた結果、意識しなくなっているわけですが、われわれのカラダには下降史観が入っているのです。

しかし考えてみれば、人間自身が、そうです。生物としての人間の個体が上昇しているのは、二〇代の前半ぐらいまでで、そのあとはどんどん衰えていきます。最終的には、時間の経緯とともに衰えて死んでいきます。それを歴史にアナロジーしていけば、当然のことながら下降史観になっていきます。

既存の宗派では現実問題を解決できないと強調

ここで何が重要なのでしょうか。それは、われわれが仏教について考えるときに、仏陀《ぶつだ》にまで遡って考えると、おそらく仏教はわからないということです。遠すぎるのです。これはキリスト教について考えるときに、モーゼの教えからスタートするのでは遠すぎるのと一緒です。キリスト教について考える場合には、シュライエルマッハー以降の、近代的なキリスト教から考えないと、われわれの生き死にの問題とは直接つながりません。古代や中世の人々とは世界像が違いすぎるからです。

いまわれわれが仏教について考えるときも、日蓮を含む鎌倉仏教から考えています。ここを起点にする必要性は、救済ということを真剣に考えた場合に意味があります。いま、これほど深刻な世の中の状況がある。ここからなんとか抜け出さないといけない。これはいま読んだところで日蓮が考えた起点であり、われわれの起点でもあります。

【読み下し】

然《しか》る間、或《あるい》は「利剣即是《りけんそくぜ》」の文《もん》を専《もつぱ》らにして西土教主《さいどきようしゆ》の名《な》を唱え、或は「衆病悉除《しゆびようしつじよ》」の願《がん》を恃《たの》んで東方如来《とうほうによらい》の経を誦《じゆ》し、或は「病即消滅《びようそくしようめつ》、不老不死《ふろうふし》」の詞《ことば》を仰ぎて法華真実《ほつけしんじつ》の妙文《みようもん》を崇《あが》め、或は「七難即滅《しちなんそくめつ》、七福即生《しちふくそくしよう》」の句を信じて百座百講《ひやくざひやくこう》の儀《ぎ》を調《ととの》え、有《ある》は秘密《ひみつ》

真言《しんごん》の教に因《よ》りて五瓶《ごびょう》の水を灑《そそ》ぎ、有《ある》は坐禅入定《ざぜんにゅうじょう》の儀《ぎ》を全《まっと》うして空観《くうがん》の月を澄まし、

【現代語訳】

こうした事態に直面して、ある者は、もっぱら善導《ぜんどう》の「罪業《ざいごう》を断ち切る利剣とはすなわち弥陀の名号」という言葉を拠り所として西方極楽浄土の阿弥陀如来の名を唱え、ある者は、「病気がみな治癒する」という誓願を頼んで東方浄瑠璃《じょうるり》世界の薬師如来の経典を読み、ある者は、「薬王品《やくおうぼん》」の「病は即座に消滅して、不老不死」という言葉を仰いで『法華経』の真実の妙文を崇《あが》めている。またある者は、『仁王経《にんのうきょう》』の「七難がたちまち消え、七福がたちどころに生ずる」という句を信じて仁王会《にんのうえ》の百座百講の儀式を整え、ある者は、災いを攘《はら》うために五つの瓶の水を注いで真言秘密の祈禱を行い、ある者は、坐禅入定《にゅうじょう》の作法を完成して「一切はみな空《くう》」の境地に到達すべく、努力を傾けている。

（前掲書、五九～六一頁）

差し迫っている事態、危機に対し、人々はどういうふうに対応しようとしているのでしょうか。その例を挙げているところです。

まず、「利剣即是」（「罪業《ざいごう》を断ち切る利剣」）が説かれていると紹介します。これは浄土宗

を指しています。浄土宗の教義に基づけば、「仏の名前というのは、鋭い刀のように、われわれの罪業というのを断ち切ってくれる。だから、この他力に頼もう」となります。「西土教主の名」（「弥陀の名号」）はもちろん「阿弥陀仏」です。その名を唱え、彼岸のものによって、この世の物事を解決しようとしている、と。

一方では、天台宗が大切にする「薬王品」などを唱える、それによって自分たちの病気を治していこう、という方向が紹介されています。さらに、真言密教の魔術的な方法によって（「五瓶の水を灑《そそ》ぎ」）、苦難を乗り越えようという方法。あるいは、禅の教えによって、すべてはみんな「空《くう》」なのだと理解する、その中観《ちゅうがん》思想に基づく形で物事を変えていこうとしている、と紹介します。

以上の、浄土、天台、真言、禅、これらの方法はすべて現実の問題を解決するには向かないと、日蓮はここで言っているわけです。

日蓮は信仰の対象に対して敏感だった

【読み下し】
若《も》しくは七鬼神《しちきじん》の号《ごう》を書して千門《せんもん》に押し、若しくは五大力《ごだいりき》の形を図《ず》して万戸《ばんこ》に懸《か》け、若しくは天神地祇《てんじんちぎ》を拝して四角四堺《しかくしかい》の祭祀《さいし》を企て、若しくは万民百姓《ばんみんひゃくしょう》を哀《あわ》れんで国主国《こく》宰《さい》の徳政《とくせい》を行う。

【現代語訳】

さらに、七鬼神の名を書いて門ごとに貼ったり、五大力菩薩の像を描いて家ごとに懸けたり、あるいは天地の神々を礼拝して四角四界祭を行ったりしている。国主も万民を憐《あわ》れんで徳政の実施に余念がない。

（前掲書、五九～六一頁）

さらにいろいろな方法をしてみたけれど、いずれの方法でもうまくいかないと説明しています。「徳政」というと、借金をチャラにすることのようにすぐに考えてしまうのですが、それは徳政の一部です。民衆の側に即した政治をやるということが、徳政の本質です。

もう一つ、いろいろな鬼神（「七鬼神」）の名前を書いて、それを拝んでいると書いています。こういうことを、日蓮は嫌がりました。なぜかというと、拝む対象というものに、自分が似てくると考えたからです。そのため、いまでも日蓮信仰の強いところには、お稲荷《いなり》の祠《ほこら》がありません。日蓮宗の信者、あるいは創価学会の人たちでもそうですが、お稲荷さんに手を合わせることはしません。どうしてでしょうか。

お稲荷さんに行って、使わしめのキツネに手を合わせたら、自分がキツネみたいに狡《ずる》くなる。あるいは、仏教でヘビを崇拝する宗派もありますが、ヘビに手を合わせたら自分がヘビのようになると考えたため、日蓮系の信者たちは信仰の対象が何であるかに対して敏感です。それは、日蓮から始まっているのです。

日蓮の敏感さを強く継承しているのは、牧口常三郎だと思います。牧口常三郎は、創価教育学会、いまの創価学会の創設者です。この人は、教育学者としても優秀な人でした。私が同志社大学神学部に入学したときに、まず勉強したのは宗教学の講義です。幸日出男《ゆきひでお》さんという、京都大学の哲学科を卒業した方が講師でした。もちろんクリスチャンですが、牧師資格は持っていませんでした。平《ひら》信徒で神学部の宗教学の先生というのは珍しく、当時は幸先生だけでした。

スサノオ・オオクニヌシ信仰

その幸先生の授業で何を学んだかというと、戦時下における宗教者の抵抗の歴史です。先生はいろいろな宗派を取り上げられました。ひとのみち教団、いまのＰＬ教団や、そこから分かれた倫理研究所に、天理本道《てんりほんみち》（現・「ほんみち」）なども扱いました。しかし主として扱ったのは、大本《おおもと》（大本教）と創価教育学会（創価学会）です。

大本への弾圧は、凄《すさ》まじいものでした。一九二一年と一九三五年の二度にわたり弾圧を受けていますが、二回目の弾圧は、（京都府綾部《あやべ》、同亀岡《かめおか》の）神殿をダイナマイトで全部爆破し、完全な更地にしたうえで、その費用をすべて大本側に補償させるというものでした。大本の信者たちは、共産党の人々以上の拷問も受けましたし、弾圧も受けています。

大本というのは、神道系とはいっても、根っこが伊勢信仰、アマテラス信仰ではありません。スサノオ・オオクニヌシ信仰です。スサノオやオオクニヌシは、おそらくはアマテラス信仰を信じる人々が日本列島に来る前に、人々が信じていた神々です。本来は戦争によって、どちらかの神々が戦いの末に勝ち負けをはっきりさせないといけないところですが、平和裏に権力を移譲してしまいました。それで光の世界、昼の世界をアマテラスが支配し、闇の世界と死者の世界はスサノオ、オオクニヌシが支配しているということになった。

神道の考え方では、日本全土は一応、アマテラスの統治下にあるわけですが、一カ所だけ、アマテラスの統治が及ばないところがあります。島根県です。島根県には出雲大社《いずもたいしゃ》があって、あそこはオオクニヌシを祀《まつ》る。スサノオ・オオクニヌシ信仰の中心地です。東京であれば府《ふ》中《ちゅう》の大國魂《おおくにたま》神社です。

近現代の天皇について多くの著作を出している政治学者の原武史《はらたけし》さんに、『〈出雲〉という思想』（講談社学術文庫）という作品があります。その後半では「埼玉の謎」を論じています。それは何か。埼玉県に境を接する東京都北部や、特に埼玉県を中心に、スサノオ・オオクニヌシ信仰の神社がたくさんあるというのです。例えば、武蔵《むさし》国一宮の氷川《ひかわ》神社（さいたま市）は、スサノオ・オオクニヌシを祀る氷川（簸川《ひかわ》）神社の総本社です。

ところが、明治天皇もすごく注意深く行幸しています。これは、不思議です。なぜなら、天皇の祖先に国譲りをしたスサノオ系は、いわば負け組だからです。その負け組のほうが、なぜ武蔵国一宮なのか？　なぜ伊勢信仰の神社ではないのか？　日本の国の謎を解いていくと、このスサノオ・オオクニヌシ信仰が出てくるようです。だから、スサノオ・オオクニヌシ信仰を探っていくと、それはどこかで国家権力とぶつかる。

大本の創設者の一人、出口王仁三郎《でぐちわにさぶろう》の著述『霊界物語』は、壮大なスサノオ、オオクニヌシの世界のイメージの話です。これは、皇室の祖先であるアマテラスを奉じる伊勢神道とパラレルの世界観ということです。

ちなみに、森友《もりとも》学園問題を起こした籠池泰典《かごいけやすのり》元理事長ですが、あの人の発想の何が最大の問題でしょうか。教育勅語を子どもに覚えさせるなどといったことよりも、大きな問題があります。彼は、神道の小学校をつくると言っていました。そして、「神道は宗教ではありません」と学校のＨＰで言い切っていました（現在はアクセス不能）。これが最大の問題です。

籠池さんの発想は、戦前の神道を国家宗教、国教とするというのと同じ論理です。戦前において、国家神道は、神道という宗教ではありませんでした。出雲信仰の拠点ですから、出雲大社は神道です。大本も教派神道の一つという意味では神道です。黒住《くろずみ》教や金光《こんこう》教も、みんな教派神道という神道です。つまり宗教です。ところが戦前の考え方では、国家神道は神道ではない。これは「宗教」ではなく、日本国の臣民の「慣習」だからです。慣習であるから、たとえどんな宗教を信じていても、神社には行かないといけない。このような論理でした。

カトリックの靖国参拝の拒否

この論理に対して、カトリック教会はどのような対応をしたでしょうか。戦前、上智大学に行くことと暁星《ぎょうせい》中学に行くことは、リスクを伴うことでした。そもそも戦前の中学校以上の学校には、陸軍の将校による軍事教練が必修科目としてありました。これは、大正末年に行われた大規模な軍縮によるリストラ対策がきっかけです。食えなくなった将校たちを救済するため、軍事教練を生徒・学生に受けさせる名目で、中学校・高校と大学に将校を派遣したからです。その結果、生徒・学生は、軍事教練の単位を取ると、在営期間が短縮されました。また、大学生、高専生には二六歳までの徴兵猶予もありました。

だから、戦前に高等教育機関に行くことは、徴兵猶予の恩恵を受けるという意味がありました。あるいは中学校に上がる、商業学校に上がるということは、徴兵期間を短縮できるという大きなメリットがあったわけです。

もっとも、戦争が激しくなってくると、すべての男子学生への兵役免除が無くなり、結局みんな学徒出陣で行くことになりましたから、結論は一緒なのですが。

ところが上智大学と暁星中学で、軍事教練の将校が引き上げられてしまいました。それは、靖国《やすくに》神社への参拝を上智の三人の学生がしなかったからです。神社という異教の神さまは、自分はクリスチャンとして拝めない、と。これに日本のカトリック教会は慄《おのの》き、文部省にお伺いを立てました。文部次官からの回答は「敬礼は、愛国心と忠誠とを現すものに外ならず」というものでした。バチカンの代表者である日本カトリック教会の司教はこの見解を受け入れ、靖国神社参拝を認めました。だから、カトリックの人たちは神社に行って、二礼二拍一礼するということにしました。

プロテスタントも、日本基督《キリスト》教団を始めとする主流派の教会は、これはもうカトリックと同じでした。それ以上に戦時体制になると、政府に迎合した。「大東亜《だいとうあ》共栄圏に在る基督教徒に送る書翰《しょかん》」(一九四四年)も発表したり、軍用機の奉納のための献金も一所懸命しています。

日本のキリスト教で、戦時体制に抵抗したのは、灯台社、いまでいうとものみの塔の人たちです。あるいはホーリネスという絶対平和主義者。この人たちは、理屈と関係なしに抵抗しました。とにかく神さまの命令には絶対に従わないといけない、という頑固な人たちが戦時体制に抵抗しました。

創価学会のドクトリンからすると靖国神社に英霊はいない

大本に関して言えば、その徹底的な弾圧の理由は、先ほど示唆したことでわかったと思いますが、権力に近寄りすぎたのです。彼らは日本の傀儡《かいらい》国家だった満州《まんしゅう》国の植民に積極的に参与したり、宮中に大本のシンパをつくろうとしたり、かなり積極的に働きかけました。これが権力を簒奪《さんだつ》しようとしているのではないかと、政府の疑念を招きました。ちなみに、大本をモデルにした小説に高橋和巳《たかはしかずみ》の『邪宗門《じゃしゅうもん》』（河出文庫）があります。「ひのもと救霊会」という名前にして、戦前から戦後までを生きた世直し教団の運命を描いた小説です。

それに対して、幸先生の話に戻りますが、創価教育学会への弾圧は違うといわれました。創価は、宗教団体としての自立性があり、自分たちのドクトリンの基本に忠実だった。別に日本という国家に対して弓を引くといった話ではありませんが、神社というものへの認識が、当局に引っ掛かったのです。

『牧口常三郎全集』（第三文明社）第十巻に、検察調書が収められています。特高（特別高等警察）に取り調べられたときの問答形式の調書です。これが興味深い。わかりやすく対話形式にして紹介します。

特高はまず、「神社には神々がいますか」と、問います。それに対し牧口常三郎は「神々は神社にはおりません」と答える。「それでは神社は空虚なのですか」と特高が聞くと、牧口は「そうではありません。神社には鬼神がおります。ですから、その鬼神をわれわれは拝むことはしません」と。さらに特高が、「では、伊勢神宮に天照大神《あまてらすおおみかみ》はおられるのか」と問います。牧口「おられません。あそこにいるのも鬼神です」

このような論に立って牧口は、伊勢神宮の神札《かみふだ》を取ることはできないと主張しました。これは、戦前戦中にあっては、間違いなく不敬罪で、そのうえ治安維持法違反でもあります。そのため、牧口常三郎は一九四四年一一月一八日に、東京拘置所内で獄中死することになります。享年七三歳でした。しかし、それは自分たちの原理原則に、きわめて忠実だったともいえます。

さて、公明党の支持母体は、創価学会です。ゆえに、安倍《あべ》政権との関係も、やはり微妙なものがあります。なぜなら、公明党も大臣を送りこんでいる政権与党だからです。数年前の一二月に、靖国神社を安倍さんが訪れたことがありました。それまでは、公明党と基本的な問題は生じていませんでした。しかし、首相が靖国神社を参拝した。言うまでもなく、靖国神社は神道の側からすると、あそこに英霊がいるということになっています。あえていえば、靖国神社は追悼のために行くのではなく、顕彰の場であり、どうもありがとうと褒め称《たた》えて、感謝に行く場所だともいえます。

しかし、牧口常三郎の特高との問答からわかるように、創価学会のドクトリンからすると、靖国神社に英霊はいません。代わりに何がいるかといえば、鬼神です。先ほど、日蓮系の信者たちは、信仰の対象が何であるかに対して敏感だという話をしました。拝むと拝む対象に似てくる。日蓮系、あるいは創価学会の人は、お稲荷を拝まない、キツネを拝むとキツネのように狭くなるのを嫌うと説明しました。ということは、そういう神社には、いわゆるA級戦犯が、もしかしたらそこにいるかもしれません。そうすると、そこを拝むと拝んだ人がA級戦犯のようになってしまうかもしれません。

つまり、その後に起きてくる七〇年談話や集団的自衛権の問題、安保法制の問題などは、政治の問題であると同時に、宗教的な問題でもあるということです。拝む対象がそういうものであれば、その影響を受けて無意識のうちにそれを信じる行動を始めている、ということになるのではないでしょうか。この考え方は、創価学会の人から聞いてこのように言っているわけではありません。あくまでも私の解釈です。

信仰をめぐる全実存をかけた戦いはある

しかし、創価学会を支持母体とする公明党が自民党と連立政権を進めることは、信仰をめぐる全実存をかけた戦いになるのではないか、ということは言っておきたいです。逆にいえば、簡単に連立を降りるというレベルの問題ではないということです。政党同士の構造を変えないといけない問題です。その結果、七〇年談話でも、安倍首相は靖国神社についてひと言も言及していません。それから安保法制を通したのに、自衛隊になぜイージス艦を南沙諸《なんさ》島の人工島まで派遣させないのでしょうか。アメリカ海軍は横須賀《よこすか》から出しているのに、なぜ日本は行けないのか。なぜ中東にＰＫＯ部隊を新たに出すという話にならないのでしょうか。

それらを考え合わせてみると、創価学会の、そして公明党の平和主義の力には意味があるのではないでしょうか。

その肝心な部分は、ドクトリンの中まで入らないと理解できません。だから、『立正安国論』を読まないとわかりません。日蓮系の信者が受け継いできた正しい教えというものの本質、これによって国家というものは正しく運営されていくのだ、という基本的なドクトリンの構造が、ここに書かれています。それが『立正安国論』の面白さだと思います。

『立正安国論』で日蓮は、われわれの世の中には、問題ばかりあふれて、とんでもない状態になっていると言います。そこから抜け出そうと思い、みんな一所懸命です。このドクトリンを信じる人もいれば、別のドクトリンを信じる人もいる。禅の実践をする人もいれば、善政を行おうといろいろ言う人たちもいます。しかし、問題は解決しません。なぜかといえば、どれも正しいドクトリンというのを摑んでいないからだ。と、このような方向に導いていきます。

「百王説」をめぐる慈円と北畠親房の考え

先を読んでみましょう。

【読み下し】

然りと雖《いえど》も、唯《ただ》肝胆《かんたん》を摧《くだ》くのみにして、弥《いよいよ》飢《き》疫《えき》逼《せま》る。乞客《こつかく》目に溢《あふ》れ死人眼《まなこ》に満てり。屍《かばね》を臥《ふ》して観《かん》と為《な》し尸《しかばね》を並べて橋と作《な》す。観《おもんみ》れば夫《そ》れ、二離《にり》璧《たま》を合せ五緯《ごい》珠《たま》を連ぬ。三《さん》宝《ぼう》世に在《いま》し百王未《いま》だ窮《きわ》まらざるに、此《こ》の世《よ》早く衰え其《そ》の法《ほう》何ぞ廃《すた》れたるや。是《こ》れ何《いか》なる禍《わざわい》に依り、是れ何なる誤《あやま》りに由《よ》るや。

【現代語訳】

だが、必死の祈禱はいっこうに実を結ぶ気配はなく、逆に飢饉や疫病はますます猛威を振るっている。食を求めてさすらう人々は目に溢れ、死人は視野に満ちている。屍を積み上げれば望楼となるほど高く、横に並べれば橋となるありさまである。

思えば、天の日月は正しく照らし、木・火・土・金・水の五星は少しの乱れもなく運行している。ありがたい三宝はこの世に厳然として存在し、国王の命運が尽きるという百王の時代もまだ先のことだ。にもかかわらず、この世がかくも早く衰え、仏法が廃《すた》れているのはどのような理由によるものであろうか。これはいかなる禍い、いかなる誤りによって起こったことなのであろうか。

（前掲書、五九～六二頁）

必死の祈禱、必死の政策が実を結ばないとは、アベノミクスと同じです。死屍《しし》累々というわけでもないかもしれませんが、経済政策はまったくうまくいっていません。

「百王」という言葉が出てきます。もともとの出典は、四書五経の一つ、『礼記《らいき》』です。当時の日本では、「百王説」というものが広まっていました。何かといえば、どのような王朝も一〇〇代までしかもたない、それを超えるものはないというのです。それが中世日本の普遍的なドクトリンになっていました。

それを重視したのが鎌倉時代の天台座主、慈円《じえん》です。神武《じんむ》天皇から八四代の順徳《じゅんとく》天皇までを取り上げた『愚管抄《ぐかんしょう》』の中で、この百王説を書いています。慈円自身に照らせば、『愚管抄』が書かれた時代は承久《じょうきゅう》の乱の前で、乱後、即位した後堀河《ごほりかわ》天皇は八六代。だから「百王説」に基づけば、あと一四代で日本の天皇制は無くなってしまいます。どうすればよいかといえば、慈円の解釈する中国の基準に従わないといけない、つまりグローバリゼーションに入っていかないといけないため、その心構えが必要であるといいます。この末法（終末思想）の考えが『愚管抄』の中では強い。

これを否定するのが、南北朝時代の公家、北畠親房《きたばたけちかふさ》の『神皇正統記《じんのうしょうとうき》』です。大日本《おおやまと》は神の国であり、普遍的なドクトリンとされている百王説は、世界に類のない神の国においては、そのままの形では適用されないといいます。具体的には、百王ではなく、いままでメインストリームを行っていた天皇の系統が途絶えると、同じ王朝の中の枝のところが、今度は幹になっていくと主張しました。あくまでも同じ王朝の中で交代をする。王統の迭立《てつりつ》から二つの朝廷の争いにまで及んだ南北朝時代の知識人らしい主張です。この考えの根本には、中国の易姓革命の思想はありません。正確にいうと、革命（放伐）はあるが易姓はないのです。

もともと、天皇家の人々というのは、姓がありません。つまり「姓が易《か》わる」革命という思想がないため、皇室に苗字《みょうじ》がありません。この伝統はいまに続いていて、天皇家には戸籍はありません。小和田雅子《おわだまさこ》という人が皇室に入ると、「雅子」だけになって小和田という苗字はいつの間にか消えてしまう。ただし、皇室の人々は皇統譜というところに名前が載ります。しかし、われわれのような戸籍への記載はありません。皇族というのは無戸籍の人たちということです。

ちなみに、パスポートはどうなるでしょうか。天皇が外遊するとき、「所持人自署」のところに「名」しかないパスポートを持つのか。結論から言うと、パスポート自体を持ちません。運転免許を持っている皇族はいます。しかしパスポートを持っている皇族はいません。だから、皇族は基本的に自由に旅行することはできないのです。

これは創作でしょうが、鎌倉末期の『八幡愚童訓』によると、「百王説」の始まりは、第五一代の平城《へいぜい》天皇のときに八幡大菩薩《はちまんだいぼさつ》の宣託があったこととされています。百王までは守る、心配しないでいいと八幡大菩薩が宣託された。しかも「百王」というのは、必ず百人の王ということではありません。百王を超えることはないということで、それ以前に滅びることも、いくらでもあるとも言われました。

日蓮の時代は、ちょうど九〇代の亀山《かめやま》天皇ですから、あと一〇代は大丈夫。そのため、いま読んだところに、「百王未《いま》だ窮《きわ》まらざるに（百王の時代もまだ先のことだ。にもかかわらず）」とあるわけです。つまり、滅亡まで時間の余裕はあるはずなのに、天変地異がしばしば起きて、世の中の様子がこんなにもおかしいのは何なんだろうかと。ここまでは、お客の問いでした。

次の部分では、そうしたお客に対して、主人が答えていきます。この最初の構成からしてドラマティックで、話に無駄がありません。日蓮という人は、ドラマツルギーの人です。ドラマを構成していく劇作家としてもすぐれていたのだと思います。ドラマティックにテキストを組み立てる力がありました。

これは、聖書でいえば「ヨハネの黙示録」や「ダニエル書」にも、感じられることです。すぐれた宗教文献は、必ずそこにドラマツルギーがあるということでしょう。

日蓮は批判的視点を持っていた

今度は、主人の答えを読んでみましょう。

【読み下し】

主人の曰《いわ》く、独り此の事《じ》を愁《うれ》えて胸《く》臆《おく》に憤悱《ふんぴ》す。客来りて共に嘆く。屢《しばしば》談話を致さん。夫れ出家して道《みち》に入《い》るは法に依りて仏を期《ご》するなり。而《しか》るに今、神術《しんじゅつ》も協《かな》わず仏威《ぶつい》も験《しるし》無し。具《つぶさ》に当世の体《てい》を觀《み》るに愚《おろか》にして後生《ごしょう》の疑《うたがい》を発《おこ》す。然れば則ち、円覆《えんぷ》を仰いで恨《うらみ》を呑み方載《ほうさい》に俯《ふ》して慮《おもんばかり》を深くす。倩《つらつら》微《び》管《かん》を傾け聊《いささ》か経文《きょうもん》を披《ひら》きたるに、世《よ》皆正《しょう》に背《そむ》き人悉《ひとことごと》く悪に帰す。故に善神《ぜんじん》国を捨てて相去り、聖人《しょうにん》所《ところ》を辞して還《かえ》らず。是《ここ》を以て魔《ま》来《きた》り鬼《き》来《きた》り、災《さい》起《おこ》り難《なん》起る。言わずんばあるべからず、恐れずんばあるべからず。

【現代語訳】

主人は答えていった。

「私もかねてからひとりこのことに心を痛め、憤激のあまりやり切れない思いをいだいてきた。折しも、あなたがおいでになって、同じく世のありさまを嘆かれていることを知った。こころゆくまで語り合おうではないか。

そもそも出家して仏道に入るのは、法に従って成仏を目指すためである。ところが、いまは神への祈りも効果はなく、仏もいっこうにその霊験を示さない。このような悲惨なありさまを目にするにつけ、私のような愚かな者は、もっとも重大な関心事である来世の成仏は本当にだいじょうぶなのか、という疑問を抑えることができない。

そこで、天を仰いではこの恨みの気持ちをこらえ、地に伏してはよくよく災難の原因を考えてみた。乏しい知識を尽くして、いささか経文を調べてみると、世はみな正しい教えに背き、人々はすべて悪法に染まっている。そのために、国を守るべき善神は国を捨てて去り、人を導くべき聖人もどこかへ去って戻ってくることがない。この隙《すき》をついて悪魔や邪鬼が侵入し、それらが目下の災禍を引き起こしている、と説かれている。

私はどうしてもこのことを人に語らないわけにはいかない。この経文を恐れずにはいられないのだ。」

（前掲書、六〇～六二頁）

何が重要かといえば、依《よ》って立つ思想がいちばん重要だということです。いろいろ調べてみると、人々は正しい思想を持たないで、間違えた思想に取りつかれている。これがすべての困難の原因なのだと、ここで「主人」、つまり日蓮は言っています。

そして、現実の悪を見据えないといけないということです。その悪は、間違えた思想から生まれてくる。あるいは、間違えた宗教から生まれてくる。ここで日蓮が持っているのは批判的視点です。宗教批判の視点であり、思想批判の視点であり、また、比較宗教でもあり、比較思想でもあります。

池田大作の解説と森友学園問題

ちなみに、最初に少し話した『池田大作全集　第二十五巻』の一五七ページから一五八ページの解説を読んでみます。誤った思想の典型的な例について述べている箇所です。

わが国においては、低級、邪悪な思想、宗教がいかに国のゆく手を誤らせたかを顕著に示す例として、あの戦前・戦中における神道《しんとう》が挙げられよう。明治以来の神道思想は、天皇の神格化とともに、神州不滅の国家主義思想を形成し、戦争遂行の原動力となっていったのである。ところが、神道そのものには、なんの指導理念もなく、いたずらに国民を精神主義にかりたてるだけであった。そして、一億の民に神社参拝することを強制した。国家権力によって押しつけられたこと自体、すでに宗教に力のない証拠である。その結果、あの戦争中の神がかり的な神風思想となり、竹ヤリ主義の日本精神となり、昭南《しょうなん》神社（シンガポール）や朝鮮神宮等に見られる他民族への強制という愚劣な政策となってあらわれたのである。また、思想教育の力は、あの客観的にはまったく勝ち目のない戦争を、最後まで皇軍必勝と信じさせたのである。だが、結果は、有史以来の大敗戦であった。一片の思想が、こんなにも根強い国民感情を形成し、あの未曾有の大戦乱を巻き起こし、その破滅は、また多くの犠牲《ぎせい》をともなった。だが、このように思想に威力があるにもかかわらず、人々は、思想自体の高低、浅深、正邪に対しては、あまりにも無関心であり、無感覚である。これが思想の魔力ともいうべきものであろうか。
（池田大作『池田大作全集　第二十五巻　講義』聖教新聞社、一九八九年、一五七〜一五八頁）

このドクトリンと価値観を共有しているはずの公明党が、森友学園の理事長の友だちである安倍昭恵《あきえ》さんの夫が総裁の政党と、連立政権を組んでいるわけです。ここに、根源的な政治のリアリズムの難しさがあります。この種のドクトリンは、創価学会にとっても、公明党にとっても譲れないドクトリンであるはずです。では、神道をどのように扱っていくのでしょうか。特に今後の日本で、神道が慣習として扱われるという形で再び国教化していくことは、十分ありうると思います。どうしてそう思うかと言えば、森友学園問題で、あの籠池という人が「神道は宗教ではありません」と言っていることに対して批判している有識者が、ほとんどいないからです。

共産党も共和制を論じない

同時に、天皇の生前退位の問題が議論されていた中で、日本の共和制について主張する人は、一人もいません。日本のようにこれだけ大きい国で、血脈によって繋《つな》がれている皇族が、少なくとも国際法的には国家元首の扱いを受け続けるということに対し、国会議員の一人も反対していない。そこに共和制論者が一人もいないのは、諸外国から見ると、かなり不思議に見えるはずです。すでに、全体主義は完成しているようにも見えるでしょう。

四〇年前、同じ議論が出た場合、おそらく、社会主義協会系の社会主義左派と、それから社会党の中の中国派、彼らは明確に共和制を主張したと思います。共産党も、共和制の実現について主張すべきでしょう。しかし、戦後の日本共産党は、国民がまだ天皇という迷信を信じているのであればしかたがないという戦術に転換しましたから、あえてそこには触れません。その結果、共産党や民進党も含めた主力政党は、日本という国は天皇を抜きにしたシステムではありえないという認識が大前提になっています。

創価学会のドクトリンも、天皇が存在するということを自明のものとして考えています。そもそも、日蓮の当時の世界像がそうだったから、日蓮系の信者にとって、そこにコンフリクトは生じないともいえます。しかし、天皇の存在を絶対視し、戦前のように国家神道を宗教ではないという形で、事実上の国教的な地位にして何か押し付けてくるということになれば、反発するでしょう。

第一段だけ読んでみました。しかしこのように、第一段のところだけでも、これぐらいの広がりを持ってくるテキストだということは理解できたはずです。

厳格な父を怖れたルター

今度はルターをみていきましょう。

マルティン・ルターは、日蓮と比べると少し後の時代の人で、生まれたのは一四八三年です。お父さんは、ドイツ、ザクセン地方で鉱山を経営していました。ルターは、一八歳のときに大学に入ります。当時の大学の在学期間というのは、まず教養課程にあたる自由七科で六年ほど。大学入学前にラテン語は学んでいます。そのあとの専門課程は、時代や地域で異なりますが、大まかにいっていちばん短いのが法学部で三、四年。医学部で五年ほどでした。神学部は長く、一六年はいないといけませんでした。だから、神学部に入って卒業するとなると、だいたい二二年ぐらいかかります。そうすると、一八歳のときに入学して、順調にいっても四〇歳をすぎて出る、ということです。

神学部だけ、在学期間がなぜこれほど長いのかというと、読む本の数が多かったからです。ルターの時代、もう本というものは普及していました。その前の時代、中世はまだグーテンベルクの印刷機が発明されておらず、写本一冊が貴重で、紙そのものも貴重でした。だから、大学の授業で何をするかというと、書籍の書写です。ゆっくりと教師が読み上げて、学生はそれをひたすら書き写していきます。その講義で必要な本が、例えば聖書一冊ということであれば、その聖書をまるまる全部、書き写すのです。

しかも中世においては、近代以降と違って、改竄《かいざん》という思想がありません。そのため、書き写すときに、こうしたほうがよい、こうすればより正しいと思ったら、どんどん加筆していくし、どんどん削除してしまう。原典を忠実に写すことが大事で、かってに手を加えたらよくない、それは改竄になる、という発想がなかったということです。現在でいうと、適切な編集を行っているという感覚でしょう。

私は、一五世紀のボヘミアの宗教学者ヤン・フスの「教会について」という論文をようやく訳し終えましたが、とても大変でした。というのも、ラテン語版のテキストを見ると、一行について二〇ぐらい異本があるのです。動詞一つとっても、肯定と否定が逆になっているところが、六、七カ所ぐらいありました。肯定と否定が逆になると、当然ながら文意がまったく逆になります。どちらの解釈で訳すべきか、数行で詰まってしまう、ということの連続でした。

幸い一九五〇年代に、プラハの科学アカデミーから現代チェコ語訳が出ていたので、これはもうよけいなことを考えず、テキストクリティークは自分では行わず、チェコの科学アカデミー訳に従いました。英訳が、すでに一九世紀の終わりにはシカゴで刊行されていますが、このチェコの科学アカデミー版の訳と比べると、だいぶ違います。底本が違っているため、底本の解釈の違いです。

さて、ルターという人は、大学の成績は良かったのですが、どちらかというと、神がかり的な人でした。一五〇一年、一八歳のときにエルフルト大学で哲学を学び、〇五年に修士となって法学部に進みました。最初は法律の専門家になろうとしていました。或る日、実家から大学に戻る途中の野原で、突然、雷鳴が轟《とどろ》いた。自分のそばに雷が落ちそうになり、もう落ちてくると思ったときに「助けてください」と祈ったのです。さらに、「今回の落雷から免れたら、私は修道士になります」と約束した。助かったルターは、このときの約束を守り、弁護士になるはずだったのを辞めて、神学者になりました。そういう人なのです。

キリスト教では「父なる神」と言いますが、ルター自身の父親が厳格でした。少年時代から「父なる神、父なる神さま」とお祈りするたびに、自分の父親が浮かんできて、いつも震え上がっていた。そのため、恐ろしい神さまなら、いないほうがいいのではないか、そのように考えるようになります。

「イデア」を登場させた『騎士団長殺し』

ところで、村上春樹《むらかみはるき》さんの『騎士団長殺し《きしだんちょうごろし》』（新潮社）の中に、或る「イデア」が出てきます。小説のあらすじを言うと、主人公は美大を出て、肖像画を適当に描いて、ご飯を食べていました。そうしたら奥さんに突然、もうあなたと一緒に暮らせないと思うと言われてしまう。それで家を出なければならなくなります。

同情した美大時代の友だちが救いの手をさしのべてくれます。父親は有名な日本画家。しかし、息子には絵の才能がなく、中堅の広告代理店でデザイナーとして稼いでいました。日本画家だった父親は、伊豆長岡《いずながおか》の富裕者向け老人ホームに入っていて、意識はもう朦朧《もうろう》としています。その父親のアトリエ兼住宅が空いているからということで、主人公に、絵画教室でもやりながら仮住まいしたらと勧める。このアトリエ兼住宅の場所が、小田原《おだわら》の山側です。

小田原の山側というのは、新幹線口です。あそこはバスターミナルも少なく、東口に比べると人出が少ない。ちなみに私は、ここでよく降ります。仕事場兼別荘が箱根《はこね》の仙石原《せんごくはら》にあるからです。駅の新幹線口のほうからタクシーで行くと、近道を通れば三〇分で着きます。

さて、『騎士団長殺し』の主人公は、大学の友人から、小田原で空家になっている父親のアトリエ兼住宅を貸してもらいます。それがちょうど箱根に向かう山のてっぺんです。主人公が或る日、屋根裏部屋に入ってみると、袋に入ってグルグル巻きになっている絵があり、タグには「騎士団長殺し」と書かれていました。開けてみると日本画で、飛鳥《あすか》時代の格好をしている男性が若い男から剣で突き刺されて、血を噴き出している。横にはきれいな女がびっくりして見ている。しかも、地面についた蓋《ふた》が開いて、そこからナスビみたいな顔をした男が、その様子を覗《のぞ》いている、という奇妙な絵です。

不思議に思い、友人の父親の経歴を探ると、一九三〇年代に美大を出て、オーストリアに留学していました。ちょうどナチス＝ドイツによるオーストリアの併合が起きたころです。そして反ナチ運動の活動家と彼は関係を持っていて、自分も抵抗運動などをしていて、恋人は殺されたらしい。本人も拷問を受けて、日本に強制送還になります。帰国後は、いままで描いてきた洋画を完全に捨てて、日本画に転じたが、自分の中にあった原体験のようなものを描いて封印しておいた。それがこの絵ではないか、と展開していきます。

それから次第に、主人公にはいろいろと不気味なことが起きます。そこには、上田秋成《うえだあきなり》のメジャーな『雨月物語《うげつものがたり》』ではない、マイナーな『春雨物語《はるさめものがたり》』に収められた「二世の縁」という短篇が下地になっています。どのような話かというと、昔、即身成仏したお坊さんがいる穴の中から、鈴の音が聞こえてくる。そこを開けてみると、成仏してミイラになっているはずなのに、鈴を持って機械的に振っています。水を飲ませて、食べ物を与えたら、どんどん人間に回復してきてしまう。しかも解脱したところがなく、食い意地が張っていて、スケベでどうしようもありません。みんなその姿を見て、仏教への信頼をなくしました、という話です。

『騎士団長殺し』は、この話が入れ子構造になっています。ある日突然、自分のところに騎士団長と称する六〇センチぐらいの、まさに飛鳥時代の姿の男が現れます。ところが、主人公には見えるのですが、ほかの人には見えません。これが、「イデア」です。

免罪符は『闇金ウシジマくん　Part3』の手口と同じだ

さて、ルターも、「悪魔」が見えた人でした。ルターが神さまについてあれこれ考えていると、悪魔が出てきて「おめえ、それ違うんじゃないか」などと言って尻尾《しっぽ》でつついたりしたといいます。或るときルターが怒り「いい加減に失《う》せろ」と言って、インク壺《つぼ》を投げました。そのインク壺を投げた壁の染みが、いまも残っているといわれています。

現代的に言えば、ルターは幻覚が見える人で、幻聴が聞こえる人だったことになります。それくらいの人でなければ、ローマカトリック教会を相手に、あれほどの大戦争などはできないということでしょう。

当時のローマカトリック教会のドクトリンでは、人間は死ぬと、その後のプロテスタントや正教と違い、いったん「辺獄」というところで寝ていることになっていました。これは「煉獄《れんごく》」とは違います。ダンテの『神曲《しんきょく》』で読んだ方もいると思いますが、「辺獄」というのは「リンボ」と言い、洗礼を受けることなくキリスト教を知らないままで死んでしまった幼児たち、あるいはキリスト以前の偉人たちが行くところとされます。

「煉獄」に行くのは、信仰が不足していた人たちです。最後の審判のあと、地獄に落ちてしまう可能性が高い。しかし、救われる可能性もありました。残された者が死者のためにきちんとした信仰生活を過ごしていればということで、とりなしの祈りが決められていました。特に巡礼が効果があるということになっていたのです。

ところが、ふつうの人は日々忙しくて、巡礼に行けません。そこで、代わりに巡礼に行きましょうという話が出てきます。これが、いわゆる免罪符、贖宥状《しょくゆうじょう》です。「あなたの代わりに巡礼に行って功徳《くどく》を積んでやる。そうすれば、亡くなったお父さんの順位が一段上に上がるよ」と、免罪符を売りつけます。「さあ、さあ、ここにお金を入れると、チャリンという音が聞こえれば聞こえるほど、あなたのお父さんやお母さんは救われる」という口上が、実際にありました。当時の記録に残っています。贖宥状は、当初は現世の自分の免罪だけでしたが、このように売り方も展開されていったのです。

しかし、これは『闇金《やみきん》ウシジマくん　Ｐａｒｔ３』そのものではないでしょうか。あの映画に出てくる自己啓発セミナーのような雰囲気。中世ヨーロッパでも、同じだったわけです。しかし、みんな怖いから文句を言いません。ところが、文句をつけた人がいました。先ほど少し触れたボヘミアのヤン・フスです。そのため彼は、一四一四年、コンスタンツの公会議という大会議に呼び出されるのです。ルターより百年早い。

中世の信徒たちはワインを口にできなかった

当時、ローマ教皇は三人いました。いちばん力があったのは、ヨハネス二三世という教皇です。もちろん二〇世紀のヨハネス二三世とは別人で、この一五世紀のほうの教皇は「フスは悪魔の手先だ」と決めつけました。どのように言ったかというと、聖書の中から毒麦のたとえを持ってきて非難しました。神さまが麦を蒔《ま》くと、そのあとに敵（悪魔）が来て、また麦を蒔く。すると、一緒に芽が生えてきて、神さまの蒔いた麦と悪魔が蒔いた麦とが、最初はわかりません。そこで「神さま、抜きましょうか？」と相談すると、神さまは「抜くな」と言う。なぜかといえば、麦の根は絡まっています。毒麦を抜くつもりでも、良い麦まで抜けてしまうのです。だから実るまで待ち、それから仕分けて、毒麦だけを火にくべればいい（マタイによる福音書一三章）。要するに、フスは毒麦である、どう見てもまともな聖職者と思えない、と彼は貶《おとし》めました。

フスがしたことは具体的に何かといえば、ラテン語でミサを行うのはやめる、地元の誰でもわかるチェコ語で行うと主張したことです。それから、ラテン語で書かれた公式聖書とされる「ウルガータ」は、ギリシャ語やヘブライ語のオリジナルと比べてみると、翻訳がずれているところがあるため、できるだけ学術的に正確な聖書から世俗語であるチェコ語に訳して使う、と主張しました。説教をチェコ語で行うと宣言したということです。

さらに、聖餐《せいさん》式の改革もフスは主張しました。キリスト教には聖餐式という儀式があり、パンとワインを口にします。パンと言っても、カトリック教会の場合は、ホスティアといって、小さなウエハースのようなものです。いまでもカトリックの教会では、信者がホスティアを口に入れたあと、ちゃんと飲み込んでいるかどうか、神父はきちんとチェックをしています。もし、それを口から出して教会の外に出ようとしたら、羽交い締めにされて捕まるかもしれません。なぜなら、ホスティアはキリストの身体に代わるものとされているからです。

世界的作家のウンベルト・エーコの『プラハの墓地』（東京創元社）を読むと、おかしなお婆さんが出てきます。お婆さんはホスティアを、口の中を乾かしておいてから口にさっと入れて、服の中につくっておいたポケットにペッと吐き出してとっておきます。それを、黒ミサをやる悪魔崇拝者たちに売って小金を稼いでいるのです。悪魔崇拝者はキリストを磔《はりつけ》にしたい。このホスティアは、キリストの身体のかわりですから、これを磔にすればキリストを磔にしたことになるわけです。

しかも中世のカトリック教会では、聖餐式では信者にホスティア、あるいはパンしか与えませんでした。なぜかといえば、ワインを信者に与えて、もしこぼすことがあったら、それはキリストの血をこぼすことになって不敬であるため、信者たちにワインを辞退するようにさせたのです。辞退はすばらしいことだと、ワインを飲むのは神父だけ、という取り決めをつくってしまいました。

フスは、これもおかしいと批判しました。ワインとパンを分けて口にするというのは、そもそもイエス・キリストが定めた儀式なのだから、同じようにやるべきではないか、そう考えました。

火あぶりの刑に処せられたフス

いまでもチェコに行くと、プロテスタント教会には十字架は付いていません。十字架は、多くのキリスト教徒にとってはシンボルですが、チェコの信徒たちにとっては違うからです。ローマ教皇が十字軍を編成し、フス派を討伐するといって侵略してきたとき、十字架を首に掛けて攻めてきました。だから、十字架は侵略のシンボルでもあるのです。このため、チェコのプロテスタントは、いまも十字架を使いません。その代わり二種陪餐というものを行います。パンとワインを別々に受けるのです。聖餐杯といって、チェコの教会では十字架の代わりにワイングラスが大事にされています。だから、時には教会の上にもワイングラスの形を描いたシンボルが立っています。観光客が飲み屋と間違えて、教会に入っていくという話もあります。

フスは、プラハ大学の学長でもありました。ボヘミアではどんどん影響力を強めていきました。信者はみな二種陪餐を始めるし、神の言葉を唱えるときも、自分たちがふつうに通じるチェコ語で話します。その影響が周囲に広まることを、ローマ教皇と、それに従う多くの教会権力は怖れました。神の言葉はラテン語が正式であり、それができることで自分たちの権威を守り、経済特権を独占していたからです。

教会の力、おまえたちとは違うのだという力の誇示が、みごとに可視化されていたのが、神父だけがワインを飲めるという決まりでした。だからこそ、それを否定するフスに非難が集まったのです。

バチカン側も、三人のローマ教皇で権力争いをしている場合ではないと、ドイツ南部で開いたコンスタンツ公会議で三人とも降ろし、新しい教皇を立てるわけですが、その前にフスをなんとかしないといけないということで、コンスタンツ公会議に呼び出すわけです。

フスは危ないと思ったはずです。コンスタンツに行くまでにひどい目に遭わされるのではないかと。ところが、教皇側は「安導券」を出すと言いました。これは、その後の戦争中でも出されます。病院船や捕虜に対する赤十字を通じた医薬品、手紙を運ぶ船などには、安導券というものが交付されます。それを持っていると沈められることも、拿捕《だほ》されることもありません。

これは中世からあり、敵地にあっても戦争中でも、安導券を持っている人間の生命、身体は不可侵であるということになっていました。現在の外交特権のようなものです。その安導券を渡すからフスに来いと教皇側は命じた。しかし、現地のコンスタンツに着くなり、フスは捕まってしまいます。「約束はした、しかし、守るとは約束していない」ということです。

ローマ教皇側はフスに「おまえは異端であることを認めるか」と問い質します。フスは「私の説の誤謬《ごびゅう》が聖書によって証明されない限り、非難を受け入れることはできない」と答えます。

ローマ教皇側は、それは生意気だとして取り合いません。大事なのは、聖書よりも教会の伝統です。結局、火あぶりになります。衣服をはがされ、火刑に処される前に、「命が惜しくば異端説を撤回しろ」と言われます。しかし、フスは、同じことを繰り返します。「聖書に記されたことに基づいて批判されるのであれば、自分の非を認めるが、そうでなければ自説を変えない」と答えました。もちろん、教皇側が受け入れるわけがありません。その結果、火刑に処されました。

ルターはフスと同じ歩みを自覚していた

フスの最期の言葉は「真実は勝つ」とチェコ人の間では伝承されています。チェコ人は、普段はおとなしいのですが、フスの死（一四一五年七月六日）によって、大暴動が起きます。これがフス戦争です。

このフスの考え方の道筋に、ルターも、さらにカルヴァンも基本的にならっています。ルター自身、自分はフスと同じ歩みをしているのだということを述べています。このあたりについては、私は『宗教改革の物語――近代、民族、国家の起源』（角川ソフィア文庫）で、フスのことも詳しく書きました。

いまから五〇〇年前、一五一七年に、ルターは教会が出す贖宥状、いわゆる免罪符販売はおかしいのではないかと質問状を書きます。後に、弟子のメランヒトンが、ルターはその質問状をヴィッテンベルクの教会の扉に貼り付けたなどと脚色をしましたが、現在の実証研究では、貼り付けたとは確認できていません。現在の『詳説　世界史』（山川出版社）では、一五一七年にヴィッテンベルクでルターが九五カ条のテーゼを発表した、と書いています。私が高校時代に学んだ教科書では、ヴィッテンベルクの教会の扉に貼り付けたと書いていましたが、いまはこうなっています。

これから読む『キリスト者の自由』は、それから三年後、一五二〇年に同じヴィッテンベルクで発表されました。この内容がローマ教皇の逆鱗《げきりん》に触れ、翌年にルターは破門されることになります。破門の引き金になる重要な文献です。いったい何が書いてあるのか、実際に読んでみましょう。

村上春樹を欧米人が読んで意外感がない理由

最初、「イエス」の「第二」から読んでみましょう。

「キリスト教的な人間」とは何であるか、またキリスト者にキリストが確保してあたえたもうた自由とはどんな性質のものか、これについては聖パウロが充分に論述していることであるが、われわれもこれを根本的に認識できるように、私はまず次の二命題をかかげたいと思う。

キリスト者はすべてのものの上に立つ自由な君主であって、何人にも従属しない。
キリスト者はすべてのものに奉仕する僕（筆者注・しもべ）であって、何人にも従属する。

（マルティン・ルター著、石原謙訳『新訳 キリスト者の自由・聖書への序言』岩波文庫、一九五五年、一三頁）

何人にも従属しないで自由であるということは、同時に、すべての人に奉仕してすべての人に従属する、だから自発的に他の人のために奉仕をすることになる。こういったところに、キリスト教的な自由というのがあるのだ。ルターはそう言っているわけです。

これは、イエスの教えにある「あなたの隣人を、あなた自身と同じように愛しなさい」というところから来ています。

これら二つの命題は、聖パウロがコリント人にあたえた第一の手紙第九章に「わたしはすべてのことに自由であるが、自から進んで何人の僕ともなった」と語り（九章十九）、またローマ人への手紙第十三章に「あなたがたが互いに愛し合うことのほかに、何人にも債務を負うてはならない」と教えたところによって（十三章八）、明かである。しかし愛は、それが愛するところのものに仕えまた服従するものである。それはキリストについても同様で、ガラテヤ人への手紙第四章に「神はその子を女からうまれさせ、律法に服従させて送りつかわしたもうた」とあるとおりである（四章四）。

（前掲書、一三頁）

神は、一世紀のパレスチナという、人類史の最も悲惨な状況に自分の独り子を送りました。しかし、その独り子は、神の子でもあるにもかかわらず、最も弱い人間でした。そのため、抵抗できない中、十字架の上で死んでいきました。しかし、そうであるがゆえに、他の人間を救うことができるのだ、という論理です。

例えば、先ほど触れた『騎士団長殺し』では、秋川《あきかわ》まりえという女の子がいなくなってしまいます。そこで主人公は、あの「イデア」、騎士団長に何とか捜してくれと言います。すると、騎士団長は何と答えるか。イデアにはイデアの約束事があるが、ギリギリまで話すと、さっき会って話をした、まりえは大丈夫だと言います。では、その場所を教えてくれと主人公が頼むと、それはダメ、できないと断る。しかし、私を殺せば彼女を救い出せる、だからこの持っている剣で心臓を突いて、殺せと。私を殺せばいろいろな出来事が起き、その連鎖で彼女を救い出すことができるのだ、と言うのです。

自分の命を差し出すこと、それによって死んでしまうということは、ある意味では最も不自由になることです。しかし、それによって他者の自由は担保される。それが、愛の実践になっていくのだということです。その意味では、『騎士団長殺し』も、キリスト教で言うところの「アガペー」、無私の愛を描いているとも言えるでしょう。

やがて『騎士団長殺し』の主人公は、別れた奥さんと結局よりを戻すのですが、別れていた間、主人公が騎士団長といろいろゴタゴタがあった九ヶ月の間に、奥さんは別の男と関係を持っていました。ところが、その間にできた子どもを、主人公はＤＮＡ鑑定などをいっさいせずに、自分の子どもとして育てると決めます。愛情に関して、こういうところもものすごくキリスト教的な発想だと思います。自分が本当の父親なのか、それとも別の男の子かにこだわらない。ＤＮＡと関係ないところでの親子、そういう考え方を持った主人公。これは『１Ｑ８４』（新潮文庫）のときにもありました。

村上春樹が常にノーベル賞候補に挙げられている、といわれる理由は何かといえば、日本人読者の感情は措《お》いても、この辺りに秘密があると思います。もちろん村上さんは、特に哲学や神学の研究をしていたわけではありませんが、彼は欧米文学をよく読んでいます。その中に埋め込まれているユダヤ、キリスト教的な考え方を自然に自作へ反映させているから、それを欧米人が読んでも意外感がないのでしょう。この辺りが村上作品の強さではないかと思います。

ルターを尊敬していたのはヒトラーだった

では、次に行きましょう。

自由と奉仕とについてのこれら二様のたがいに矛盾する命題を理解するためには、キリスト者は何人も霊的と身体的との両性質をもっていることを記憶しなければならない。

たましいの面から見ればキリスト者は霊的な新しい内的な人と呼ばれるし、血肉の面から見れば身体的な古い外的な人といわれる。そしてこのような区別のあるところから、私がいま自由と奉仕とについて指摘したようなまともに矛盾することが、キリスト者について聖書のうちに説かれているのである。

（前掲書、一三～一四頁）

人間の存在がまず、矛盾している。これは魂と肉体を合成して、人間ができているという意味ではありません。人間というのは、肉体として見ることもできるし、しかし、霊として見ると霊的な存在でもあると。同じ事柄が別の方向から見て、どちらから見ても完全に説明できるということです。

さてわれわれは内的な霊的な人をとり挙げて、これが義（筆者注・ただ）しい自由なキリスト者であるか、またかようにキリスト者と呼ばれるのに何が必然であるかを見よう。そうすると外的なものは何と呼ばれているにしても、決して人を自由にすることもないし義たらしめることもできないのは明白である。なぜかといえば人の義も自由も、またその反対に悪も束縛も、これらは何れも身体的でも外的でもないからである。身体が束縛されないで強壮且つ健康であり、思うままに食らい飲み生活したところで、そのことがたましいに何を益するだろうか。反対にまた身体がその意に反して束縛され、病み疲れ、飢え渇き、悩み苦しんでいるとしても、このことがたましいに何の損失をもたらすであろうか。これらのことはたましいにまで深く影響して、これを自由にしたりまたは束縛したり、これを義としたりまたは悪くしたりすることの絶対に可能なものではないのである。

（前掲書、一四頁）

どういうことを言っているかというと、例えばパウロは、捕えられて獄中にいました。しかし、身体は拘束されていてもきわめて自由でした。だから自由や不自由は、身体的な拘束や経済状態にはまったく関係ない、ということです。

また『騎士団長殺し』を例にとります。免色渉《めんしきわたる》という人物が出てきます。「色を免除されている」というのだから、前作『色彩を持たない多崎《たざき》つくると、彼の巡礼の年』（文藝春秋）の、また一つの輪廻《りんね》転生している形のように思いますが、そういう人物が、小田原の借家の少し上に住んでいます。男は、東京地検特捜部に捕まり、東京拘置所の独房に四三五日間入れられたといいます。独房の壁の高さは三メートルあったといったことも話す。しかし、その拘置期間を利用して語学を三つぐらい勉強しました。つまり、独房でも拘束されているつらさを感じなかったのは、そこでやることを見つけられたからだと言うわけです。

大川周明《おおかわしゅうめい》という人がいました。五・一五事件を起こし、極東軍事裁判では民間人で唯一A級戦犯に指定された人です。有名なのは、法廷で東條英機《とうじょうひでき》の禿《は》げ頭を被告席の後ろから手で叩《たた》いたり、奇声を発したりしたため、公判から外されたことです。梅毒が原因で精神を患っていたといわれています。その大川が自伝的な回想録『安楽《あんらく》の門《もん》』（書肆心水）という作品を書いています。第一章では、人は監獄でも安楽に暮らすことができる、第二章では、人は精神病院でも安楽に暮らすことができる、と書かれています。これはどういうことかと言えば、自分で念じる何かを持つことで安楽に暮らせるということです。大川の場合、それが何かといえば、自分の母親でした。母親のイメージを思い浮かべることで、どんなところにいても自分は安楽に暮らすことができると書いています。興味深いことに、ルターもこれと同じ感覚を持っていました。

ちなみに、ルターは極端な主観主義の持ち主で、エキセントリックなところがありました。さて、ルターをいちばん尊敬していると言ったのはアドルフ・ヒトラーです。日本ではほとんど紹介されていませんが、エマヌエル・ヒルシュという神学者がいました。優秀な神学者で、ゲッティンゲン大学の神学教授でしたが、ヒトラーに共鳴し、ナチス型のキリスト教のドクトリンをつくることになります。つまり、ドイツのルター派の考え方とナチズムには関係があるのです。ルターの考えがナチズムにつながる要素もあるということは、押さえておかないといけません。

「聖なるもの」は神だけ、「聖職者」は存在しない

続きを読みましょう。

> 同様にまた身体が、かの司祭や聖職者が着ているような聖衣を着たところで、それがたましいにとって何の飾りにもならないし、また教会や神聖な霊域に詣でたとしても無用であり、神聖な行事にあずかっても役にたたないし、身体だけで祈願し断食し巡礼に加わり、更にまた身体をもってまた身体において行われ得るような善行をことごとく完（筆者注・まっと）うしたところで、すべて無益である。
>
> （前掲書、一四〜一五頁）

つまり、ルターは行為にまったく価値を置かないのです。カトリック神学の立場では「信仰と行為」を重視します。「信仰」だけではダメで、ちゃんと「行動」をしないといけないと教えます。しかし、ルターは「信仰と行為」のように、「と」でつなぐ発想自体が間違っていると考えます。ルターにとっては、「信仰即《そく》行為」なのです。だから、「と」でつないでしまうのは、「信仰」と「行為」を分断できる考え方として斥《しりぞ》けます。人間の信仰というのは、それが即行為になるという観点にルターは立っていました。

同時に「聖職」というものは存在しないと考えました。人間はみんな「俗なるもの」である。「聖なるもの」は神さまだけ。人間を聖なるものとするのは、大変な勘違いであると主張しました。聖職者、司祭も要らないという考え方です。では、司祭が要らないとしたら、葬式や結婚式はどうするのでしょうか。普段の宗教儀式もどうするのでしょうか。ルターは、信者全員が葬式でも結婚式でも儀式をできるようになればいいと考えました。そのためには、信者全員が聖書を読めるようになり、神の言葉について語れるようになればいい。神の言葉について語れるようになれば、結果として全員が司祭になれるのだから、それは、司祭は一人もいないのと一緒である。そういう万人祭司説を唱えました。

だからいまも、プロテスタントにおける牧師は、あくまでも教職者、教師であって、聖職者ではありません。神の言葉について人に語るためには、やはり特殊な訓練がいります。だから教職は否定しません。しかし、その地位にいるからといって、その人が「聖なるもの」というわけではないのです。

実にたましいに義をもたらし自由を与えることのできるものは、およそこれとは全く異なるところのものでなければならない。なぜなら以上に挙げたこれらすべてのもの、行為と方法とは、邪悪な人、欺瞞者や偽善者であってもこれを所有しまた行うことが出来るのであり、またかようなことによってはただ偽善者のほか決して何者もうまれては来ないであろう。これに反して身体が聖衣ならぬ平服を着用し、神聖ならぬ場所に住み、普通の飲食を取り、巡礼も祈禱をもなさず、上述した偽善者の行う動作を全くなさないとしても、そのことがたましいに何の障害をもたらすこともないのである。

（前掲書、一五頁）

立派なマントか何かを羽織り、大きい声でお祈りをして、せっせと巡礼をする。そういうことをすれば救われるという根拠はまったくない。逆に、普通の格好をして、街中の猥雑《わいざつ》な場所に住んで、巡礼もしないとしても、人間は救われると言っています。

救われるのは誰が決めるかといえば、神さまが決めます。人間がこういうことをした、あ么いうことをした、その「何かをした」ことで救われるわけではない、それがルターの考えです。しかしだからこそ、ただひたすら神さまを信じることができる。むしろ、それしか、信じることしかわれわれにはできないのだ、といいます。それが神さまによって救われるという信頼につながるという考え方。これが信仰義認論というものです。

ルターの特徴は此岸的であること

たましいは、聖なる福音すなわちキリストについて説教された神の言（筆者注・ことば）のほかには、これを生かし義たらしめ自由にしそしてキリスト者たらしめる如何なるものをも、天にも地にも所有しない。これについてはキリスト自身かく言われた、ヨハネ伝福音書第十一章「わたしは生命でありよみがえりである。わたしを信ずる者はとこしえに生きる」（十一章二十五）。同じく第十四章「わたしは道であり、真理であり、生命である」（十四章六）。同じくマタイ伝福音書第四章「人はパンだけで生きるものではなく、神の口から出るすべての言で生きる」（四章四）。これによってわれわれは次のことを確言しない訳には行かない。すなわちたましいは神の言以外のあらゆるものを欠くことはできるが、神の言なしには他の何をもってしてもその代りにはならない。しかしたましいがもし神の言をもつなら、もはや他の何ものをも必要としない。

（前掲書、一五〜一六頁）

キリスト教にとって重要なのは、神の言葉だけであるという宣言です。例えば神の言葉を信じるならば、もはやパン、食料について煩《わずら》う必要はありません。

ところで、ここで引かれている「人はパンだけで生きるものではなく、神の口から出るすべての言で生きる」というマタイ伝の章句は、この前半だけをよく「パンのみに生くるにあらず」と格言のように使われます。その際には、人間には物質的なものだけでなく精神的なものも重要だみたいな、トンチンカンな解釈で使われます。聖書の文脈で読めばすぐわかるように、まったく意味が違います。

これは「出エジプト記」にある、天からの「マナ」を踏まえています。すなわち、人々が砂漠をさまよっているときに、食料がなくなった。そのときに神さまが天から「マナ」という食物を降らしてくれた。だからパンという特定の何かがなくても大丈夫だ。神さまの言葉をすべて信じれば人は生きていくことができる、ということです。

映画『男はつらいよ』シリーズで、フーテンの寅《とら》さんが、実家の隣のタコ社長が経営する工場の連中に向かって、「労働者諸君」と呼びかけます。続けて「稼ぐに追いつく貧乏なし」という台詞《せりふ》。寅さんは愚痴で言っていますが、この言葉の意味は、働いてさえいれば絶対食っていけるということですね。あの感覚と同じです。その意味においては、キリスト教をがっちりと信じて、このマタイ伝の章句を理解できている人というのは、将来どうなるかといった不安を持たなくてすむわけです。神さまがちゃんと生かしてくれる。食っていけないほどひどいことは起きない、ということです。

いずれにしても重要なのは、言葉に対する信頼です。神の言葉を信頼できる人というのは、自分の発する言葉にも注意できる人でないといけません。だから言葉は正しく使っていくということが大事です。

それから大事なことですが、ここまですべて、この世の話です。あの世の話は何もありません。つまり、ルターの特徴は、此岸《しがん》的なところです。全部、此方《こなた》側の話なのです。この世では少し我慢しなさい、少し苦労すればあの世で救われるから、という話ではありません。この世の問題を、あくまでも現実に解決することが重要。だからプロテスタンティズムの特徴とは、此岸的であることです。

しかし、考えてみれば、それは当然ともいえます。この世の問題も解決できないような宗教に、あの世の問題なんか、解決できるはずはありません。だからプロテスタントでは、目の前にある不正、目の前にある貧困、目の前にある病気、こういったものに直面して「いま、苦しいのは、あなたにもともと罪があるからだ、だからひたすら祈りなさい」ということは、けっして言いません。そうではなく、信仰を強く持てば、信仰さえしっかりあれば、現実は必ず変わるのだと教えます。

　そして「信仰」を持っているから「行動」をする。こういうことになるわけです。だから此岸的であって、かつ行動的であるともいえるでしょう。それは、逆説的にいえば、「信仰のみ」だから成し得るのです。信仰のみだから、「信仰即行為」になる。しかし「信仰と行為」に分けてしまえば、信仰だけで行為をしないでいい、という発想がむしろ出てきてしまいます。これは、大いなる逆説といえます。

映画『沈黙―サイレンス―』をプロテスタント的に語る

　それは言だけで充分であり、そのとき食物も喜びも平和も光栄も技能も敬虔も真理も智慧も自由もあらゆる財も充ち溢れるばかりに所有する。そこでわれわれは詩篇において、その中でも詩第百十九篇から、預言者は神の言に向ってのほか何をも呼び求めないことを知るのである。また聖書では、神がその言を人間から取り去りたもうときに、これよりも恐ろしい災禍はなく神の最も激しい怒りとされ（アモス書八章十一以下）、これに反して詩第百四篇に「神はその言をつかわして彼を助け給うた」とあるように、神がその言を送りたもうたときよりも大なる恩恵はないことが理解される。そしてキリストの来臨したもうたのは神の言を説教するという使命のためにほかならないし、またすべての使徒たち、司教、司祭と霊的階級（聖職者）の全体とが、ただ神の言のために召されまた立てられているのであるが、残念ながら今や事態は違ってしもうた。

（前掲書、一六頁）

神の言葉が大事なことはわかりました。では、われわれは神の言葉をどこで知るのでしょうか。

それは、聖書です。だから、聖書は世俗語に訳されなければならないわけです。そして、ルターは、聖書を読むことを奨励します。

ところで、二〇一六年に公開されたマーティン・スコセッシ監督の映画『沈黙─サイレンス─』が話題になりました。しかし、プロテスタント的に見ると、論点がずれています。踏絵なんて、踏めばいいのです。あれは偶像に過ぎません。そのようなところで争う必要はまったくありません。それから、キチジローはなぜあれほどねちっこく、告解をするから聞いてくれとか、私の代わりに祈ってくれと言うのでしょうか。祈ることがあれば、自分で直接祈ればすむことではないですか。

ただし、遠藤周作《えんどうしゅうさく》の原作に対しても、本来のカトリックの考えからするとおかしいのでは、神学的に正しいのか、ギリギリのところでラインを外れているのではないかと批判する声もありますが、そのようなことはありません。カトリックでは、教会のヒエラルキーは絶対に守らないといけない前提です。したがって、教会以外に救いはない、という意味において映画『沈黙』はカトリックのど真ん中というべき作品です。

宗教は似ているところほど、どこも面倒である

安全保障という視点から見れば、当時の幕府が、あれぐらい厳しい対抗措置を行わなければ、日本という国は保てなかったともいえます。この時代、直前に天草《あまくさ》の乱があったということ、そもそもということでいえば、カトリシズムは、ポルトガルやスペインの侵略主義と一体になって、日本列島に入ってきていたことも銘記すべきでしょう。

織田信長《おだのぶなが》のような戦国大名が、自分だけ良ければあとはどうでもいいとでもいうかのように、野放図にカトリシズムを受け入れていました。その結果、カトリックの普遍主義によって、日本が植民地にされるリスクは十分にありました。幕府が発した禁令のような厳格な法的措置をして国を鎖《と》ざさないと、カトリックの脅威から日本を守れなかったでしょう。

おわかりでしょうが、日本の非キリスト教徒が漠然と同じようにイメージするものと、本来のカトリックとプロテスタントとはまったく違うということです。

私が外務省にいたころの話です。誰かがバチカンに出張に行くと、よくカトリックの十字架とローマ教皇の写真を、ありがたそうに土産に持ってきました。私はいちおう「はい、はい」と受け取っておきましたが、そのあとはゴミ箱直行です。たぶん、創価学会の信者の人に（創価学会を破門した）大石寺の阿部日顕《あべにっけん》の写真を持っていったら、やはりゴミ箱直行だと思います。それとだいたい同じような話です。宗教は、似ているところほど、どこも面倒なのです。

ところで、ここまで読んできたこのルターの考え方は、先ほど読んだ日蓮の『立正安国論』と、考えている方向性が近いように思われませんか。両者とも徹底的に此岸的で、いまの現実は悪がかなりはびこっている、そこから脱構築しないといけないという主張。そのためには、正しいドクトリンが何よりも重要だ、という流れです。

キリスト教の側から見ると、かつて内村鑑三が関心を示したのは、日蓮の中にある、この改革者の精神なのだと思います。それは、徹底して此岸的でなければいけない、かつ、言葉を大切にしないといけないという考えです。誠意はきっちり言葉で表さないといけない。あるいは、「言いたいことがあったら、全部、言葉に出しておっしゃってください」と言葉で伝える。そういう人間観、そこに立つ世界観です。

空間的にも時間的にも二六〇年ほどずれていて、かつ文化的な文脈もまったく違うし、もちろん宗教的な文脈もまったく違います。にもかかわらず、両者はきわめて似ています。

ルターの教えと「ルター派」は違う

しかしあなたが、かくも大きな恵みをもたらす言とは一体どういうものであるか、またそれを私はいかに用いたらよいのかと尋ねられるなら、私は答えよう。神の言とは福音書のうちに含まれているようにキリストのなされた説教以外にはない、すなわちあなたのあらゆる生活も行為も神の前にはなきに等しく、むしろあなたのうちにあるすべてのものと同様に永久に失われてしまわなければならないと神の告げたもうのを聴き悟ること、それでなければならないし、またそうされているのである。このことをあなたが、あなたのなさなければならないように正しく信じるなら、そのときあなたは自分自身に絶望し、「ああイスラエルよ、あなたがたのうちには滅びのほかに何もない、けれどあなたがたの救いはただわたしのうちにある」というホゼアの言（十三章九）の真実さを告白せざるを得ないであろう。然るに神は、あなたがあなた自身から、言い換えればあなたの滅びのうちからのがれ出ることのできるように、そのいつくしみたもう御子イエス・キリストをあなたの前にたて、その活ける慰めにみちた言によってあなたにかく言わしめたもうのである。曰く、あなたは確乎たる信仰をもってキリストに己れをゆだね、敢然と彼を信頼すべきである。そうすればこの信仰の故にあなたのすべての罪が赦され、すべての滅びが打ちかたれ、かくてあなたは正しくあり真実となり平和に且つ義とせられ、すべての誡めは充たされ、あなたはあらゆることから自由にされるであろう。

（前掲書、一六〜一七頁）

要するに「信仰がすべてなのだ」ということです。

信じていないのに信じているふりをしても、それはすぐに見抜かれてしまいます。本当に信じている、そのような「信仰」を持っているのなら、もうそれだけで十分なのだとルターは言っています。では、なぜ十分なのかと言えば、そのような「信仰」であれば、それは「即行為」になるし、人間の行動、ものの考え方全体が信仰中心になるはずだからです。

しかし、ルターのこの言葉を、その後のルター派は、正統化、制度化してしまいました。言ってしまえば、「家の宗教」にしてしまった。ですから、ルターの名を冠していながら、その後の改革派から見れば、ルター派は半分カトリックみたいなものになってしまっています。

ルターが唱えた宗教改革的なところを生真面目に詰めていくと、カルヴァン、ツヴィングりの流れになっていきます。改革派の人々は朝晩の祈りを欠かしませんし、聖書はいつも手離さずに持っています。何かあれば、必ず聖書に目を通すようにしています。いつでも、祈り、聖書を読む。

この「いつでも」ということが、非常に重要なところです。いつも祈るということは、常に信仰を持っていることであり、それは即働くことでもあるからです。祈ることと働くこととは別のことではなく、これもまた統合なのです。つまり、「信仰即行為」と同じことです。

使徒パウロの教えとの連続性を重視したルター

それは聖パウロがローマ人への手紙第一章に「義とされたキリスト者はただその信仰によって生きる」（一章十七）、また第十章に「キリストは、彼を信じる者に対し、あらゆる誡めの終りまた充実である」と言っているとおりである（十章四）。

（前掲書、一七頁）

ここまで読んで不思議に思いませんか。使徒は、何人かいます。その中で、イエスのいちばん弟子といえば一応、ペトロです。しかし、ここまでペトロの名前は出てきません。

パウロは、生前のイエスに一度も会ったことがありません。本来「使徒」というのは、直《じき》弟子のことを指します。ところが、パウロだけはイエスに直接会ったことがないのに、なぜか使徒と言われています。パウロは何をしたかといえば、最初は、キリスト教徒への激しい弾圧者でした。だから、パウロの生き方は興味深いのです。

パウロの言動を聖書でたどったり、パウロ研究を読んだりするのが面倒であれば、『ローマ帝国に挑んだ男―パウロ―』という映画があります。これは使徒言行録に即した、よくできた作品です。イエスの弟の存在や、ペトロとエルサレムの会議で大論戦――割礼をめぐる論戦――をするパウロを、よく描いています。ユダヤ人の優位性を否定して、異邦人伝道、つまり世界に向けて宣教していき、最後は捕らわれの身になり、ローマに連れていかれるところで終わります。

この、パウロという使徒の教えとの連続性を重視するのが、ルターの特徴です。もともと、キリスト教には、いろいろなグループがありました。そして、現在、生き残っているキリスト教はすべてパウロ派なのです。パウロ派以外のキリスト教は滅びてしまいました。カトリックや正教だけでなく、エジプトに伝わるコプト教会などもすべてパウロ派です。パウロ派以外のキリスト教は、生き残っていません。

しかし聖書のテキストの中には、明らかにパウロの認識と違うテキストもあります。例えば「マルコによる福音書」。これは、パウロのものの見方、考え方とは違います。あるいは「ヨハネの黙示録」。これも、パウロ的な世界とは違う。これは何を意味するでしょうか。「使徒言行録」と「ルカによる福音書」。これは著者が一緒です。正確にいえば、同じ著者集団が書いたものです。聖書の一つひとつの文書はどれも、個人ではなく組織でつくった文書です。複数の文書の背後には、複数の教団があります。だから「マルコによる福音書」というのは、マルコが書いたのではなくて、使徒マルコという名前を掲げている教団の文書だということです。「マタイによる福音書」も、マタイの名を掲げている教団の文書。そのように理解してください。

ただし一連のパウロ書簡は、パウロの真筆の書簡と、パウロをかたっている書簡の両方があるのです。それは文体を分析すれば、すぐわかります。しかし、かたっている書簡だからといって、偽物だということにはなりません。その内容が、パウロの考えていることを敷衍《ふえん》しているのであれば、それは真正のパウロ書簡と同じだと考えます。

このようなことも含め、ルターを通じてわれわれはもう一回、パウロという人に出会うことになります。

キリスト教の「教祖」はイエス、キリスト教の「開祖」はパウロ

前回も話しましたが、「イエス・キリスト」は、「イエス」が名前で、「キリスト」が苗字ではありません。イエスというのは、太郎とか一郎とかいうように、当時のパレスチナではありふれた名前でした。キリストとは「油を注がれた者」の意味です。王さまや救済主を示します。ですから、「イエスという救済主の男」という信仰告白が、「イエス・キリスト」には籠められています。

ところが、このイエスという青年は、おそらく自分のことは正しいユダヤ教徒だと思っていた。当時の堕落したユダヤ教を、きちんと立て直さないといけないと思っていた。つまり、それ以上の発想を持っていなかったということです。いわば「当時のユダヤ教の中の改革派」だったイエスの運動を、既存のユダヤ教とはまったく別の「新しいキリスト教という宗教」であると明確に言語化したのが、パウロでした。したがって、キリスト教の「教祖」はイエスであり、キリスト教の「開祖」はパウロだといってもいいでしょう。

ただし、パウロという人は、なかなか狡いのです。例えば議論の最中に、何か危うくなったとします。すると、「私は生まれながらのパリサイ派です。おわかりですか、皆さん!」と煙に巻いてしまう。もともとユダヤの律法にも詳しいため、ユダヤ教徒の理屈をペラペラとしゃべる。あるいは、官憲に殴られたりしたときは、「俺はローマ市民権を持っているん

だけどな」とすごむ。「そんなことをしておまえ、いいのか」と脅し上げる。このように、巧みに切り替えることができた人でした。

話術が巧みで、人を陥れたり脅したりもできるし、経済力もあり、自分でカネを稼ぐことがうまい。何をやってもよくできました。だから、自分に厳しく、人にも厳しいというタイプ。はっきり言えば、あまり友だちにはなりたくないタイプです。最後は殉教していきます。

他の使徒、例えばペトロのような、ちょっと抜けているところはありません。とにかくハリネズミのように徹底した理論武装をしていて、そのため行動にもいっさい隙がない、そのような人でした。パウロの言動を見ていると、息が詰まりそうにもなります。

なぜルターはこの、息の詰まりそうなパウロを重視したのか。ルターは、そういうタイプは嫌いなはずなのに、なぜそこに引きつけられたのか。これはルターを考えるとき、大きな謎だと思います。

日蓮もルターも言葉をとても大切にした

次回もこのように読んでいきます。次回までに『立正安国論』と、『キリスト者の自由』は、最後まで目を通してきてください。『立正安国論』は国家観がきちんと出ているところを中心に、ところどころ読んでみようと思います。

全体の流れについて私が説明してしまうだけだと、この二人を取り上げてここで論じる意味がありません。ゆっくりでも、じかにテキスト本文を短いものでも読んでいくことで、読み方がわかります。そうすれば自力で読んでいける。

この両者を比較分析するのがよいのでは、とチャレンジしてみましたが、今日こうして読んでみて、間違いではなかったと思いました。こうして読んでいくと、宗教改革を行っていく人間の共通した考え方に気づきます。

今回読んだところで確認できるのは、一つは、さまざまなドクトリンや、さまざまな宗教を比較していくという姿勢です。他の宗教や宗派について、徹底的に知らなければいけないということ。そのうえで批判しないといけない、ということです。日蓮は真言宗にしても、天台宗にしても、浄土宗にしても、浄土真宗にしても、禅宗にしても、きちんとそれらを勉強しています。ルターはもちろんカトリシズムについて、きちんと勉強しています。そのうえで、批判的な視点を取る。

それからもう一つ大事なのは、日蓮とルター、二人とも言葉をとても大切にしているということです。正しい言葉というものを使っていくということ。それによって、理論化していくということ。これを軽視していません。

今日のところだけでも、二人の共通性が確認できます。次回は、共通性に対しさらに踏み込むとともに、違いはどういうところにあるかも考えていきましょう。同時に、なぜルターも日蓮も、この二一世紀まで忘れ去られなかったのか。死に絶えなかったのか。どうしてその考え方からどんどんインスピレーションを受けて、発展させていくことができるのか。それを考えてみたいと思います。たぶん一〇〇〇年後も、ルターも日蓮も残ると思います。そこで考えてみるのは、世界的な規模で力を持つ宗教の強さというのは、どこにあるのかということです。

未完の思想に苦悶は表れている

ところで今回の講義では『立正安国論』、佐渡に渡る前の日蓮に限定して考えることにしました。これはアナロジカルでもありますが、日蓮が佐渡に渡る前、『開目抄《かいもくしょう》』に至る前ですから、『立正安国論』は、日蓮の未完の思想になります。ルターの『キリスト者の自由』も、同じようにカトリック教会に破門される前で、思想は未完です。つまり、この時点でのルターはカトリック教徒です。いわば、プロテスタントになる前のルターの思想です。執筆は一五二〇年、破門は一五二一年ですから。

世界宗教の中で大きな役割を果たし、その役割を持ち続けている日蓮とルターという改革者、この二人が完成期に入る前、前時代との間でヘソの緒が付いているようなときに、苦悶《くもん》しています。それを読み解くことをしたいのです。

改革者であれば、プロセスでなく完成期のテキストのほうがよいのでは、と思う方もいるでしょう。しかしそうすると、ルターなり日蓮なりが思想を形成していく、新しい改革の精神をもたらしているところの苦悶が伝わりません。今回はこのような問題意識です。

もう一つ、親鸞とルターではなく、日蓮とルターとしたのは、「信仰のみ」の重要性です。「信仰即行為」という意味で、ルター的な考え方で、「自力」か「他力」かを考えるのであれば、「自力即他力」、「他力即自力」ということだと私は思っています。「他力」にもしすがるということであれば、それは違う。たぶん日蓮は「自力」とも「他力」とも言わないでしょう。むしろ「自力即他力」「他力即自力」というような構成になっていく。そこが、ルター、それからカルヴァンと近いと感じています。

「絶対他力」という意味で、佐《さ》古純《こじゅん》一郎《いちろう》さんたちが、浄土真宗とキリスト教は近いと言ってこられました。私も数年ぐらい前までは、そう思っていた時期がありました。しかしその後、日蓮のテキストを読んでいくと、「自力」や「他力」の枠組みの少し先にあると感じました。禅と念仏と、その両方をきちんと踏まえたうえで、弁証法でいうジンテーゼ的な要素があると思ったのです。だからこそ、日蓮は魅力がありながらも不思議な人で、それゆえに嫌われやすいのだと思います。

宗教改革は過去の歴史ではなくいまも生きている

この名前を出すと忌避反応を示す人は多いとは思いますが、池田大作さんの『立正安国論』講義は無視できません。『立正安国論』の解釈においては、実によいテキストです。忌避反応を示さないで、一度はこの『池田大作全集』の二十五巻、二十六巻を、どこかで手に入れて読み、講談社学術文庫版の佐藤弘夫《さとうひろお》さんの解説と比較してみてください。

佐藤さんは研究をしっかりやってきた、とても頭のいい学者だと思います。しかし政治的、あるいは宗教的に、あちこち見過ぎているのです。これもあればあれもあるというふうで、プロットがわかりにくくなってしまっています。それに対して池田さんは、自分はこういうスタンスに立つとはっきり言う。だから、池田さんの立場に反対する人であれば、そのバイアスを差し引いて読めるテキストになっています。そのうえで一貫した読み方のテキストになっているから、了解可能なわけです。了解可能で、それに賛成するか、反対するか、批判するかというのは、これはもう読者が自由にできます。

前回紹介した角川ソフィア文庫の『永遠のいのち』も、日蓮系の教団についての説明で、日蓮正宗、富士門流、それから創価学会について言及していない点は、現実から著しく乖離《かいり》しています。しかしそれは、それだけ世の中に影響を与えているという証拠です。影響があるから、まったく言及しない。すなわち、面倒だからいっさい存在しないものとして触らないということだと思います。

創価学会側から出ている文献にも問題があります。自分たちの内側への説明や解釈が重要なのであり、身延の日蓮系統のものに対してどのように読むかとかいったことにはあまり関心がありません。テキストの読み方について、ごく限られた専門家のあいだではいろいろ行われているのかもしれませんが、結局、同じ日蓮系の中から出て来ている教派・教団どうしで知的なコミュニケーションがないため、部外者にはテキストの読み方の違い、主張の違いが伝わらず、面白くありません。

私が関心を持っているのは、生きている宗教です。いま私は、ルターについて考えています。いまなぜ、五〇〇年前の宗教改革を扱っているかといえば、宗教改革は、過去の歴史ではなく、いまも生きているからです。悪い例ではありますが、この時代にトランプが出てくるというのは宗教改革のせいです。トランプのような、自分は確実に選ばれている、神の意志を体現しているという主張。あれは宗教改革がなければ、カルヴァン派がなければ、あのような人は生まれないわけです。だからこそ、現実に生きている宗教を見ないといけません。それを皆さんと一緒に学ぶためにこのような講義をしています。

かつて、ポストモダンの思想が嵐のように吹き、たいへんな勢いでした。しかし、いま思想の力を感じようとすれば、あの頃のもので残っているものはほとんどありません。人を動かすような思想は、ポストモダンからは生まれなかったということです。思想というのは人を動かさないといけない。しかも、自発的にその人が動く思想です。そうすると、やはり宗教の力ということになります。そこで、生きている宗教ということで考えたとき、キリスト教も力があるし、仏教も力がある。イスラムも力がある。その意味でも、いわゆる世界宗教というものの力に、いまの私は大きな問題意識を持っています。

浄土真宗はプロテスタント的というよりもカトリック的

浄土真宗についてもう少し話をしますと、「他力即自力」にならなかったのは、教義の問題というよりも、キリスト教、プロテスタントと違い、浄土真宗では万人祭司説を取れないことと関係があると考えています。真宗はいまも法主《ほっす》・門主が絶対となっています。そこからヒエラルキーの体系になっています。それに対して、プロテスタントは誰でもが司祭、祭司になれる、万人祭司説を取れるという構成です。

浄土真宗は、ドクトリンを読むとプロテスタント的なところと構成がかなり似ているように見えますが、最終的には教団の頂点に世襲性の法主や門主というものがいるため、ドクトリンのうえでは同じ人間のはずなのに、他の一般の信徒や、ほかの僧侶たちよりも上であるというヒエラルキーを認めてしまうことになります。この点がルター的な考え方とは異なります。

親鸞の子孫が中心になって本願寺《ほんがんじ》派という教団が生まれ、その後、東本願寺、西本願寺に分かれました。しかし、それぞれの教団が両方とも親鸞の血統をヒエラルキーの上位に置いてきたため、改革派の流れが浄土真宗の中から出てくるとしても、そのヒエラルキーを否定する形での改革にはなりにくいと思われます。その意味においては、浄土真宗はプロテスタント的というよりもカトリック的ではないでしょうか。カトリックは、他力と自力のバランスを取っていきましょうという考え方です。

しかし、キリスト教にも「自力」を重視する教派もあります。プロテスタントの中では、特にバプテスト派やメソジスト派は、「自力」の要素のほうが強くなっています。清い心や聖なる生活を重視する。あるいはセブンスデー・アドベンチスト（ＳＤＡ）であれば、菜食を励行し、日曜日は四〇〇歩以上歩いたらいけないといったことを厳しくいうようになります。それはいろいろあります。

大事なのは宗教改革を行える宗教かどうかだと思います。一つはローマ教会、カトリックですが、もう一つは、プロテスタンティズムから生まれたルターの流れ、カルヴァンの流れ、ツヴィングリの流れです。大きくいうと、これがメインストリームであることに変わりはありません。私のひいき目ということではなく、世界を動かしているのは、間違いなくそこです。日本のキリスト教でいえば、だいたい日本基督教団の枠に収まっているプロテスタントになるはずです。

宗教を正確に見なければ、現実の政治と社会の動きは見えてこない

最後に国内政治について言及しておきましょう。公明党と連立を組んでいる安倍さんの思想を理解するのは、難しい。もちろん、彼に思想がないわけではないでしょうが、その思想がどういうものなのかを理解するのは、難しいです。いわゆる神道に対する思いが強いというタイプではないでしょう。例えば安倍さんの口から、神道思想家の葦津珍彦《あしづうずひこ》の名前が出てきたという話は聞いたことがありません。そのような思想に関心は低いし、そもそも『古事記《こじき》』や『日本書紀《にほんしょき》』を通読したなどということも、考えられません。水戸《みと》学に関心を持っているとも思えませんし、南北朝の正閏《せいじゅん》論争に関心を持っているとも思えません。

ある意味において、ナショナリストではあるとは思います。しかし、伝統的な右派の信者であるかということも、よくわかりません。もしも安倍さんに信仰があるとすれば、それはおじいさんの岸信介《きしのぶすけ》に対する信仰ではないでしょうか。

岸信介は、どちらかというと構築主義的です。なにしろ岸という人は戦後、政治家になる

とき、右派社会党に入りたいと言ったのです。もちろん、右派社会党に断られています。しかし、岸は社会党の右的な要素、あるいは国家社会主義的な要素に関心があったのかもしれません。

いわゆる右翼的な雰囲気と公明党的なものは、相容《あいい》れません。それから、公明党は、支持母体である創価学会とは価値観が一体ですが、政教一致を目指す政党ということではないでしょう。そもそも日本国憲法で明示された政教分離とは、ベクトルの問題です。憲法がいう政教分離は何かといえば、国家が特定の宗教を優遇する、もしくは国家が特定の宗教を忌避することを、禁じているということです。第二〇条を見てみましょう。

【日本国憲法 第二〇条】

信教の自由は、何人に対してもこれを保障する。いかなる宗教団体も、国から特権を受け、又は政治上の権力を行使してはならない。何人も、宗教上の行為、祝典、儀式又は行事に参加することを強制されない。国及びその機関は、宗教教育その他いかなる宗教的活動もしてはならない。

ところが、宗教団体が特定の政治的な立場を持って政治活動を行うことは、日本国憲法では、禁じていません。自分たちの価値観に基づいた宗教政党の存在は、憲法のうえでは否定されていません。

公明党の流れを外側から見ると、一九七〇年代の初期に言論問題がありました。ジャーナリストの藤原弘達《ふじわらひろたつ》さんの『創価学会を斬る』（日新報道）という本に対する対応が、直接のきっかけです。藤原さんは、創価学会は公明党と一緒で、政治と宗教は完全に一体ではないか、人事も全部、兼ねているではないかと激しく批判しました。創価学会側は当初強く反発し、出版妨害や不買運動も行いました。新聞各紙は、最初は尻込《しりご》みしていましたが、大きく取り上げるようになります。こうした動きを受けて、創価学会は政教分離を厳格に行うようになります。

例えば、公明党の会合に行くとします。来ている人、支持者の九割以上が創価学会員。にもかかわらず、創価学会の話をひと言もしない。これが二、三年ぐらい前までの状態でした。それが、山口那津男《やまぐちなつお》さんが公明党の代表になって、また変わってきています。例えば、公明党の公式党史の中で池田大作さんの写真が出てきたり、いろいろな変化が二〇一四年に生じています。同時にこの年、創価学会の教義会則の改正をして、宗門との関係を完全に切っています。

何が言いたいかといえば、創価学会については勉強してみる必要があるということです。

影響は無視できないのですから、好きか嫌いかは取りあえず脇に措いて、創価学会に関する文献を読んでみることです。その際に大事なことは、創価学会側のものと、反対派のものとを、何冊も並行して読んでみるということです。それぞれの書き手がどのようなドクトリンを持っていて、どのような行動原理なのか、そしてどのような政治観なのかを並行して考えながら読むのです。

つけ加えれば、バチカンの動きも見ておかなければなりません。いまのローマ教皇のフランシスコが、南スーダンへの訪問を検討していると報じられました。多くの人は人道的な問題と思っているかもしれませんが、まったく違います。そもそも北スーダンはほとんどがイスラム教徒で、南スーダンでは、天の神クウォス、クモの姿をしたトゥーレという伝統宗教を信じている住民と、キリスト教を信じている住民が混在しています。ローマカトリック教会からすると、南スーダンは北東アフリカにおけるキリスト教の重要な拠点ということになるのです。

そこでローマ教皇は、人道という観点（「内戦と飢餓に苦しむ人々に注意を向けるのが目的」二〇一七年二月二七日、ロイター）を押し立てて南スーダンに入り、イスラムと戦っていく拠点をつくろうとしています。南スーダンにカトリック教会が関心を示しているのは、その背後に対イスラム戦ということを考えている、たいへん政治的な動きであり、イエズス会的といってもいいでしょう（五月末に訪問を断念した、と報道された）。

このように、二一世紀のいまになって、宗教の果たしている役割は以前よりも大きくなっている気がしています。ところが、それを読み解ける人が少ない。だから、世界の動きを、宗教の動きとして見ない。

日蓮の『立正安国論』とルターの『キリスト者の自由』を読んでいけば、前回で触れたように、トランプの大統領就任演説の意味にもつながっていきます。宗教と政治の現実が見えてくるはずです。現実の政治と社会を動かしている、目には見えないけれども確実に存在する原理に気づく感覚を、皆さんに身につけてもらえればと思っています。

（二〇一七年三月七日）

第三講　日本と革命

トランプは何をやるかわからない

一回目でも触れましたが、トランプ現象と現代の危機について、われわれはもっと考えていく必要があります。日本人は特に、トランプはいったい何者か、現時点でもまだ、何も理解できていないと思います。もしかしたら中東だけではなく、北朝鮮との関係においても、大変な戦争をもたらすかもしれません。それについて、日本のメディアの緊張度は、あまりにも低すぎるのではないでしょうか。

例えば二〇一七年四月、金正恩《キムジョンウン》を殺害するという作戦をアメリカが執る可能性がありました。二つ理由があります。一つは、五月九日に韓国の大統領選挙がありました。中道派の候補が一時は急追しましたが、四月の時点で、北に対して融和的な大統領が誕生する可能性がすでにありました（実際に、親北的な文在寅《ムンジェイン》大統領が誕生）。そうなると、北朝鮮を攻撃した場合「われわれの同胞に対して何をするのだ」と韓国が抗議する可能性が高いので、北朝鮮への攻撃は踏み切れないことになります。

ちなみに、日本の一部の勇ましい人たちは「日本も米軍と一緒になって北朝鮮に先制攻撃をすべし」などと言っていますが、それは不可能です。なぜかというと、北朝鮮が問題なのではなく、韓国が問題だからです。もしも日本の自衛隊が北朝鮮を攻撃するようなことがあれば、韓国の世論が反日で激しく沸き立つでしょう。どのような理由があれ、韓国人は朝鮮半島に日本人が軍事行動を起こすことを許さないからです。それが韓国のナショナリズム教育の結果です。われわれは傍観するしかないのです。

アメリカが、金正恩殺害をする可能性の二つめは、あまり注目されていなかったようですが、三月四月の二ヶ月間にわたり、大規模な米韓合同演習が行われました。ということは、航空母艦も特殊部隊も出ていたことになります。しかし、演習が終われば引き上げます。いったん引き上げた軍隊を、再度出すという意思決定はたいへんです。だから、演習をしている間に金正恩殺害をしてしまうのが、合理的な方法となります（その後、八月二一日から三日までの一一日間にも、定例の合同軍事演習を実施）。

ところで、四月にトランプ政権は、シリアを攻撃しました。内戦が続いているシリアですが、そのアサド政府軍支配下の空軍基地に向けて、六日、地中海東部に展開している米海軍の駆逐艦が巡航ミサイル五九発を発射し、航空機、防空システム、燃料貯蔵庫などを破壊したと伝えられました。トランプは、何をやるかわからないということです。

このシリア攻撃はどうして起きたかといえば、アサド政府軍が反体制派の拠点にサリンを使って攻撃したことへの報復だといわれました。確かに、アサド政府軍が化学兵器を使ったのは間違いないと思われます。政府軍側は、反体制派が所持していたサリンが爆撃によって破壊されたと言っていますが、これは政府軍が嘘をついていると思います。しかし、アメリカが直接攻撃されたわけではありません。シリアの反体制派も、アメリカの同盟軍ではありません。つまり、個別自衛権の行使でも、集団的自衛権の行使でもないのです。

唯一、アメリカの行動が可能になるのは、国連が集団安全保障として、アメリカに出動を命じたときです。国連においては、安全保障理事会で臨時会議を行い、取りあえず決議案もつくっていました。その決議案は米英仏の共同提出で、化学兵器をシリアが使っている可能性があるので、ＯＰＣＷ（化学兵器禁止機関）と国連とで合同代表団を派遣するというものです。ところが、ロシアがそれには同意できないと言ったため、採択すらせず決議案を引っ込めました。そしてすぐ、シリア攻撃になりました。

常識的に考えてみれば、シリアと友好関係にあるロシアが、シリア政府が大量破壊兵器である化学兵器をつくったことを前提とする査察の受け入れに、賛成などするはずがありません。これに関しては一揉《も》み二揉みしたあとで、誰が使ったかわからないけれども、事実関係についての調査団を送るという形で折り合いがつくはずでした。ところが、それをしていないということは、あらかじめトランプは一方的にシリアを攻撃するつもりだったということでしょう。

戦争の危機がかなり近づいている

しかし、巡航ミサイルを五九発撃っても、情勢は何も変わりません。なぜなら、アメリカは平均して一日に一六回、シリアの領域を空爆しているからです。このシリア攻撃で重要なのは、国際法や国連の決議をいっさい無視して、カッとしたら一方的に行動するという、トランプの行動様式が明らかになったことです。だからこそ、現在は危機の時代なのです。

かりに米軍が、金正恩首狩り作戦で北に特殊部隊を上陸させるとします。そうなると、北朝鮮では自動発射装置が作動します。つまり、米軍上陸が確認された瞬間に、三八度線の北側の非武装地帯の少し北側、武装しても構わないところに並べてある長距離砲が火を噴く、ということです。すべて韓国に向けて自動的に発射されるようになっているため、ソウルは火の海になるでしょう。

それを阻止するためには、米軍は三沢《みさわ》か嘉手納《かでな》から軍用機を飛ばして、南北の国境地帯にある長距離砲をすべて破壊しなければなりません。しかし、大砲をすべて破壊したとしても、北朝鮮のミサイルの移動システムは残ります。攻撃された場合には、国際法上の当然の権利として、北朝鮮に反撃権が生じる。国際法的に合法な形で、北朝鮮は日本の米軍基地を攻撃することができるわけです。そのため、北のミサイルが三沢や嘉手納を標的に飛んでくる可能性は十分にあります。

しかも、飛距離は伸びても、北のミサイルというのは精度が低い。だから三沢に撃ったつもりでも、青森市に飛んでくるかもしれません。さらに市谷《いちがや》（東京）にある防衛省の電波塔に飛んでくるかもしれません。それくらいの誤差は予想しておく必要があります。それから日米が連携しているのであれば、日本も攻撃対象になります。いちばん狙われるのは市谷です。そのような危機が、迫ってきている。

それから、二〇一七年一月に日本に引き上げていた長嶺安政《ながみねやすまさ》駐韓大使が、四月に韓国に再赴任しました。もともと、プサンの日本総領事館前に慰安婦像を建てられたことへの抗議から日本に引き上げていました。その後も与件は変わっていません。つまり、慰安婦像は撤去されない。韓国側はこれに関して協議しようとする、あるいは慰安婦像を撤去しようとする、といったことはしていません。このように与件が変わらないのに、大使を再び韓国に向かわせるのは、外交の世界のバランスです。慰安婦問題で筋を通すこと以上に、日本大使を韓国に送らないといけない緊急性があるということです。

戦争の危機がかなり近づいている。しかし、もとを正せば、これはトランプが引き金を引いた話です。

危機の時代に生まれてきた二人

こうした現代の危機、その構造を見きわめるためには、過去の危機に目を向け、理解する必要があります。そこで、日蓮《にちれん》とルターです。二人とも危機の時代に生まれてきた人です。東洋と西洋、地域の違いはありますが、その違いを比較することで共通点も浮かび上がってきます。日蓮の生涯、ルターの生涯、彼らの時代状況を理解することで、現代の危機の意味が理解できるはずです。彼らが何を言ったかをしっかり読んでいきましょう。

前回「改革と革新の源流」を確認しました。この講義は大学で一五回、すなわち半期に各セメスターの二単位分で講義する内容を行おうとしています。一五回かけて学ぶ講義を三回六時間に圧縮していることになります。どうしても丁寧にできないところもあります。しかし、もし全体をフワッと概説するならば、あまり意味がありません。そうではなく、部分ではあっても、自力で読めるような訓練をしていくことが必要です。

今回もテキストを読み進めますが、その前に今回の講義のテーマについて、全体の総括的な話をしておきます。

東洋の革命は「易姓」

まず、「革命とは何か」ということです。東洋では、革命にいろいろな考え方があります。東洋とは、西洋にあらずということですから、ペルシャも東洋、インドでも東洋です。ただ、われわれ日本人の伝統的な文脈において「東洋」といえば、それは中華帝国であって、中華帝国における革命思想は何かといえば「易姓革命」です。

日本は、儒教の影響が強いといわれます。しかし、日本の儒教の受容は特殊です。孔子《こうし》の影響は強いが、孟子《もうし》の影響は弱い。孟子には独特のコスモロジー、宇宙論があり、その宇宙論の根本が易姓革命です。つまり、皇帝というのは「天」の意志に基づいて存在している。だから皇帝のことを「天子」と言う。そして天の意志、すなわち天命は、「徳」のある人物に下される。この皇帝が持つ徳が「仁」というものです。仁とは、最高のレベルの徳を指します。それから皇帝すなわち天子は、天下に一人しかいません。なぜならば天命は絶対であり、天命は単一だから、複数の人に天命が下りたり、天命の意味が曖昧《あいまい》だったりするということはないからです。そうなると秩序が混乱してしまいます。だからこそ天子は一人であり、天命は明確に一つです。そこに、混乱はないということです。

ではもし、皇帝が持つべき徳を失ってしまうとどうなるか。天命が改まるのです。そのときのシンボルが、虹です。したがって、空に虹が出るというのは、伝統的な中華文化圏の文脈においては、きわめて不吉なこととされています。天が現体制に対する不満を表明していることになるからです。さまざまな天災や飢饉《ききん》も同じです。特に地震は、天が地上の秩序のどこかがおかしいと発するシグナルとして起きていることになります。

そして、もういまの天子ではいよいよダメだとなれば、新しい天子が立ちます。天がそれを定めることになる。その結果、何が起きるかといえば、天子の「姓」が改まります。秦《しん》王朝でも元《げん》王朝でも明《みん》王朝でも王朝の名が変わるとき、「姓が易《か》わる」。これが「易姓」です。だから、易姓革命と呼ぶのです。

西洋の革命は「契約の更新」

一方、西洋の革命はどうでしょうか。西洋のレボリューションの語源は、天体の回転です。天の秩序が変われば、地上の秩序が変わるということになりますが、その流れを見るだけでは、西洋の革命は読めません。西洋では、天に唯一絶対の「神」がいる。だから「天の意志」というのは同時に「神の意志」になります。東洋では、神というのは複数です。「天」はあくまでも単数であるのに対し「神々」という。つまり東洋では、「神」というのはレベルの低い超越概念です。それが東洋と西洋の決定的な違いです。

西洋では、人間は神と契約関係にあります。したがって、革命とは「契約の更新」を意味します。では、その原点はどこか。紀元前六二三年、ユダの国のヨシュア王の一八年、ヨシュア王はエルサレムにあるヤーウェの神殿の修理を命じました。そのときに偶然、律法の書が出てきます。それによって、われわれはこんな間違えた生活をしていたのか、神の契約は本来こういうことだったのかとわかる。そのような形で、契約更新が行われます。

実際には、文書そのものが事後的につくられ、それが発見されたという形で伝えられてきたのでしょう。しかし重要なことは、「天の秩序」はあらかじめ文書化されているということ、それが更新されるときに革命が起きる、という考え方です。その考えが、イエスの登場によってダイナミズムを持つようになります。天の秩序、神の教えは、紙に書かれている内容ではなく、愛の実践であると言ったのがイエスです。しかし、それを実践したイエスの行動自体は、「天」が想定されている意味で本質的な違いはありません。

ところが、コペルニクス、あるいはガリレオの「発見」以降、形而上的に「天」が上位であるということを維持できなくなりました。そこで、「神」の位置の転換が起きます。つまり神は、心の中にいるという形で整理をするのです。それとともに、「神権」が「人権」になり、革命も天から地上に降りてくることになる。しかし、常に契約の、もしくは法の更新という形で現れるというのが、欧米の革命の特徴です。

例えば、ロシア革命を見てみましょう。ロシア革命によって、生産手段を個人で私有すること、他人を労働のために雇用することはできなくなります。つまり、資本主義的経営ができなくなる。法の概念が変わったということです。一方、日本では、大日本国憲法では「天皇ハ神聖ニシテ侵スヘカラス」（第三条）でしたが、日本国憲法ではそれが「天皇は、日本国の象徴であり日本国民統合の象徴であって、この地位は、主権の存する日本国民の総意に基く」（第一条）に変わりました。これは、法の変更によって革命が一応起こった、ということになるでしょう。

しかし、その変更が根本的なところから断ち切られた形での、法の変更なのかどうかということです。ヨーロッパでは、どこに断絶があるか、それをどう見るかで、革命と見るか見ないかという判断になります。ロシア革命もフランス革命も、そのような断絶がある。あるいは、ピューリタン革命も同様に断絶があると見ます。

日本で「革命」はあった

では、日本の歴史ではどうだったでしょうか。日本の特徴は、一言でいえば革命が起きない点にあります。それはなぜかといえば、天皇に姓がないからです。天皇に姓がないということは「易姓革命」が起きない、王朝の変化がないということです。

逆説的に考えてみましょう。大化《たいか》の改新も、建武《けんむ》の中興も、明治維新も、いずれも「錦の御旗《みはた》」による革命、いわば錦旗革命です。「天皇の本来の意志に戻れ」がスローガン、旗印でした。本来の日本のあり方、本来の皇統のあり方に戻るのだという形で進みました。このような革命では「易姓」は起きません。すなわち天皇家の支配を壊すという形にはなりません。

この辺りを南北朝時代、南朝のイデオローグだった北畠親房《きたばたけちかふさ》はうまく理論化しました。『神皇正統記《じんのうしょうとうき》』の中で、次のように整理しています。儒教の教えは普遍的である。ゆえに日本においても革命は正当化される。しかし日本の特殊性の中で生じる革命であるから、同じ王朝の中で起きる革命になる。すなわち、易姓ではない形で革命が起きる。具体的な例として挙げているのは、武烈《ぶれつ》帝から継体《けいたい》帝への皇位継承です。

『日本書紀《にほんしょき》』によれば、武烈帝という残忍な天皇がいたことになっています。人を溝の中に入れて三刃矛のような武器で刺したり、木の上に登らせて弓矢で射殺したり、人の生爪を剝《は》がしたり、あるいは、女性を戸板に縛り付けて馬と交わらせてそれを見るのを好んだりした、といったことが書かれています。そのようなとんでもない天皇だったために、世継ぎが生まれなかった。その結果、ずっと何代も遡《さかのぼ》った同じ皇統から続いてはいるけれども、元の根からは分かれ、別の枝から育った皇族を立て、継体帝という天皇が新たに即位したと記しています。

常識的に考えれば、このとき王朝の交代は起きていたはずです。しかし、これは王朝の交代ではないと説明されています。同じ天皇家の中で悪い天皇の系統がなくなり、強く良い天皇の系統が出てきた。つまり、状況によって古い幹が枯れ果てても、新しい枝が幹になるのだというのが、『神皇正統記』における北畠親房の考え方です。ある種の制約の中において易姓革命が機能する、という考え方といえるでしょう。

前後の日本の歴史を見渡しても、一応は『神皇正統記』のこの考え方の枠組みで納まっているといえます。しかし、枠に納まらないタイプが二人います。

一人は、織田信長《おだのぶなが》です。近年は見直されていますが、織田信長は天皇とは別の形での権力を樹立しようとしていた、と見られていました。その意図が完成する前に明智光秀《あけちみつひで》によって殺害されました。だから、その意味では未完の革命でした。

もう一人は、少しマイナーになりますが、北条泰時《ほうじょうやすとき》です。鎌倉《かまくら》幕府第三代執権。泰時については、日本における革命の思想家として、山本七平《やまもとしちへい》が非常に関心を持っていました。その山本に強いインスピレーションを受けた社会学者の大澤真幸《おおさわまさち》さんも、泰時について『日本史のなぞ——なぜこの国で一度だけ革命が成功したのか』（朝日新書）を書いています。

それまでにも、さまざまな皇族が乱を起こしました。そのつど、新たな天皇の命で処断されてきました。ところが、北条泰時は自ら、承久《じょうきゅう》の乱を起こした後鳥羽上皇《ごとばじょうこう》を流罪にしてしまいました。

ちなみに後鳥羽上皇は、隠岐《おき》（島根県海士町《あまちょう》）に流されました。島前《どうぜん》（中ノ島《なかのしま》）です。私は、隠岐に行ったことがあります。後鳥羽上皇の崩御後、火葬されて小さな墓が建てられましたが、その後幕府の命令で骨は都に移され、大原《おおはら》の陵《みささぎ》（京都市左京《さきょう》区）に葬られました。ところが火葬後、島に骨が散っています。それをいまも管理している人がいるのです。連絡してみたところ、年代ものの制服と帽子に白い手袋という姿で迎えに来てくれました。宮内庁書《しょ》陵《りょう》部の制服のようには見えましたが、かなりボロボロです。制服マニアのおじさんかと、不躾《ぶしつけ》ながら最初は思いました。

いわく「自分は、村上《むらかみ》家といって、隠岐島の豪族の末裔《まつえい》である。北条泰時の命を受け一族代々、後鳥羽上皇の面倒をみるよう言われている。後鳥羽上皇が亡くなり、火葬後は墓の面倒を見るように言われ、遺骨を移した後は焼き場のあとの面倒を見るようにと言われて、代々面倒を見ているのだ」と。「もう八十何代ずっと続いている」と言っていました。

ところが、「その北条泰時の命令は、いつ解除されるのですか」と尋ねると、「いや、北条氏がなくなってしまったから、命令は解除されないでしょう」と言う。「今後どうするのですか」と重ねて聞くと、「たぶん、自分の息子が継ぐと思います」。

だから、一族で島外に出て行った人も、ある年齢になると不安になるそうです。われわれは北条泰時の命令を守り、それを受け継がないといけない、と。宮内庁は二〇年に一回ぐらい、制服だけは支給してくれるそうです。あとは自前でやりなさい、ということです。私はつくづく、本当の保守とはこういうことだと思いました。このような人たちが真に国を支えている。

　北条泰時は、後鳥羽上皇を流罪にしただけではありません。承久の乱当時の天皇、仲恭《ちゅうきょう》天皇（後鳥羽上皇とともに乱に加わった順徳《じゅんとく》上皇の第四皇子）を廃位させます。まだ、四歳の幼帝でしたが、執権の命令で廃位させます。日本の歴史で、武士が皇室関係者を一方的に処断したのは、前にも後にもこのときしかありません。他の場合、必ず新しい皇族の誰かの命という形をとりますが、泰時は、執権である自分の命令で処断しました。それから、乱に関与した公家たちを死刑にしています。これも過去には必ず上位の公家の権威をもって公家自身に処断させていたのを、武家の責任において処刑しました。そして、京都に六波羅《ろくはら》探題《たんだい》を設置するわけです。これで、天皇や公家の動向に対する全面的な監視体制をつくることになります。

　さらに重要なのが、「関東御《かんとうご》成敗式目《せいばいしきもく》」の制定です。これは朝廷の了承を一切得ないで、武士だけでつくった一方的な法律です。まさしく、法の変更です。強いて言うならば、北条泰時の行ったことは、日本の歴史のうえで唯一、最後まで完遂された「革命」ということになるでしょう。泰時以降の世代は、やはり過去の天皇システムの中に包摂されてしまい、このような形での革命は起きなかったのです。

人間は「欲している善ではなく、自分が欲しない悪ばかり行っている」

さて、ルターも日蓮も、いまそこにある危機を、革命以外の方法で乗り切ろうとした人です。そこに二人の面白さがあると思います。

今回はルターの『キリスト者の自由』からみていきましょう。「第十三」の最初から進めます。

> しかしあなたはここで再び、信仰があらゆる誡めをみたし、その以外には何の行いもなしに義たらしめるとのことが、果してどういう根拠に基いてかくも正当視されるかという理由を解するであろう。なぜならここであなたは、「あなたはただひとりの神をあがむべきである」と命じる十誡の第一の誡めをみたすものが信仰のほかにないことを知っている筈である。たといあなたが足の爪先までも純粋に善行のみであったとしても、それによって義とされもしないし、神に栄誉を帰し得るのでもなく、従って第一誡をみたし全うしたわけでもない。というのは神が実際真実そうありたもう如くに、真理とあらゆる善とが神に帰せられないなら、神はあがめられているとはなしえないからである。しかしこれを全うするのは、どんな善行でもなく、ただ心からの信仰のほかにはないのである。

（マルティン・ルター著、石原謙訳『新訳 キリスト者の自由・聖書への序言』岩波文庫、一九五五年、二四〜二五頁）

この前半にある、「あなたはただひとりの神をあがむべきである」という箇所は、本当は「あなたはただひとりの神以外は崇《あが》めてはいけない」という否定形の文です。本来ここは禁止命令です。命令は、肯定よりも否定のほうが強く伝わります。このような表現は、キリスト教のポイントの一つです。

崇めたり、拝んだりしたらいけないものは何かといえば、出世、カネです。「神以外のもの」を拝む対象にしたらいけない、それが本来のキリスト教、プロテスタントの教えです。ましてや、ヘビやキツネ、カメといった動物神を拝むというのは、とんでもない話ということになります。

もう一つ大事なのは「信仰のほかにはない」の意味です。第二回の講義でも繰り返しましたが、ここでいう「信仰」とは、そのまま「即行為」になります。カトリックでは「信仰と行為」ですが、プロテスタントは「信仰のみ」。よく誤解されることですが、「プロテスタントは信仰のみを大事にするので行動はどうでもいい」といった解説をする人がいます。そのような人はルターを読んだことがない、と言えるでしょう。また、プロテスタントのなんたるかもわかっていません。「信仰のみ」とは「信仰即行為」です。「信仰さえあれば、即、それは行動」になるということです。「信仰と行為」と、両者を「と」で分けること自体を、ルターは否定しました。どれほど善行、良い行為を積んでいると思っていても、その行為自体は救済の根拠になりません。

そもそも、人間の善や悪というのもよくわかりません。パウロが言っています。「わたしは、自分のしていることが分かりません。自分が望むことは実行せず、かえって憎んでいることをするからです」(「ローマの信徒への手紙」第七章、一五／『新共同訳』)と。

人間というのは、自分だけ善いことをしていると思っていても、実際は、結果として悪いことばかり行っています。この自覚を持つことが、キリスト教においては重要です。これは、キリスト教が「原罪」の思想を持っていることに由来します。信仰の正しさを強調するあまり、自分が絶対に正しいという自己肯定に陥らないようにする構造原理です。これに気がついたのがルターです。それはルターの偉大さだと思います。

プロテスタンティズムは「他力即自力」

先に進みましょう。

この故に信仰のみが人間の義であり、あらゆる誡めの充実なのである。なぜなら第一の主要な誡めをみたす者にして始めて確実にまた容易に他のすべての誡めをもみたすからである。しかし行いは死んだものであり、もとより神に栄誉と讃美とを帰するためにその行いがなされたりまたなされるままに許されたりすることはあるにしても、それ自身が神をあがめることも讃美することもできない。しかしわれわれが今ここで求めているのは、行いのように他動的になされるものではなく、自（筆者注・みず）から働き自から主たる者、神をあがめ行為を働くものであって、これは内心からの信仰以外の何者でもない。つまり信仰が義の首であり、否、その全存在なのである。故にもし行いをもって神の誡めをみたすものとして教える者があったら、それは甚だ危険な恐るべき教である。なぜなら充実はあらゆる行いにさきだって信仰によりなされ、充たされた後に行いが随伴しなければならないので、これについてはなお後述されるであろう。

（前掲書、二五頁）

強調されているのは「信仰即行為」です。

その信仰とは、人間の心理的作用なのかといえば、そうではありません。信仰を人間が持つことができるということ自体が、神による恩恵なのです。その意味では、キリスト教、プロテスタンティズムの構成は、浄土宗、もしくは浄土真宗に近くなってくるかもしれません。「他力的」な要素が強くなっていきます。

しかし、浄土宗、浄土真宗のように、阿弥陀如来《あみだにょらい》におすがりするという構図ではありません。この世のことでなく、あの世のことをお願いする、とはなりません。プロテスタンティズムは「信仰即行為」ですから、人間の行為は重要になります。その意味では、プロテスタンティズムを説明するのには、「他力即自力」という言い方のほうが正しいのかもしれません。「絶対他力」ではなく「他力即自力」。ただし「自力即他力」にはならない。「自力」からスタートするのではありません。「他力」から、外部からの働きかけによって動いていくのです。

しかし、どうでしょうか。われわれ人間の生き方を考えた場合、必ず誰か外部の人間の触発を受け、そこから自分の行動が出てくるのではないでしょうか。われわれの行動において、真に内発的なものはどれぐらいあるでしょうか。発達段階で、そもそも親の影響があり、教師の影響もあります。成長してからはパートナーの影響もあります。誰の人生であっても、いろいろな出会いがあり、その影響を受けない人はいないでしょう。ただし、その影響の受け方、外部性の受け止め方は、宗教的な人間にとっては決定的に重要になってくる、ということです。

そのため、困った現象も出てきてしまいます。宗教では必ず祭司や僧侶《そうりょ》が出てきます。そして、だいたい祭司や僧侶のほうが、一般人より上のようになってしまいます。自分たちは何でも知っていると増長する。これが、あらゆる宗教を阻害する最大の要因です。

ルターはどうだったでしょうか。彼は「祭司と戦え、信徒たちよ、あのクソ神父どもをやっつけろ」という運動はしませんでした。在家の一般信徒の中にも「教会は堕落している、あのクソ坊主を叩《たた》き潰《つぶ》せ」という運動のうねりはありましたが、ルターはそういう改革はしなかったのです。あくまでも、すべての一般信徒が祭司と同じ能力をつければいい、と主張しました。一人ひとりの信徒が全員聖書を読み、儀式もできるようになり、万人が祭司になれば特権を独占した祭司は一人もいなくなる、と考えました。

仏教のアナロジーで言うならば、全員が経を読めるようになり、葬儀などをできるようになれば、僧侶は要らないわけです。これは僧侶を否定しているのではなく、全員が僧侶になるという意味です。

ルターの場合は、全員が祭司になっていくという道を説いていきます。神学者や神父が、たいそうな服をまとい、えらそうな格好をしているけれども、少しばかりラテン語ができるだけではないか。聖書をドイツ語に訳せば、それでいいではないか。そうすれば誰でも読めて、全部理解できる。そのように主張したのですが、これは画期的でした。それまでの抵抗といえば、教会の権威をなくそうという対抗運動でしたが、そうではなく、権威の根本を飲み込んでしまえばいいという主張だったからです。われわれ自身が祭司になればいい。革命と逆のベクトルです。

ルターは、何ごとにつけ、そのようなところがあります。例えば、イヤな領主がいれば、そのイヤな領主を感化すればいい、感化できるように努力すればいい。領主は感化できない、ということであれば、領主の上の選帝侯を感化するように努力すればいい。いやいや、選帝侯も感化できない、ということであれば、神聖ローマ皇帝を感化するように努力すればいい。もしそれができないのであれば、そのときに初めて抵抗しよう、という考え方です。

つまり抵抗権は認めるけれども、その前にありとあらゆる方法で、人間は変化していくという可能性に賭《か》ければ革命など起こす必要はない、と考えるのです。拙速な革命には、そこに権力の悪がかえって生じるため、やめたほうがいいということです。

ルターは革命家ではない

多くの人は、ルターは宗教改革を起こした人だから、革命家であるように勘違いするかもしれませんが、彼はむしろ、反革命の立場です。

一五二四年、農民が封建領主の重税に反発して反乱を起こし、ドイツ農民戦争が起きます。

すると、ルターは農民を早く鎮圧すべきだと宣言します。国家への反逆ほど悪いことはなく、悪いことを犯していたら魂が傷ついてしまう。魂が傷ついたら死後、復活できなくなってしまいます。だから、農民たちにはあまり罪を犯させず、早く殺してしまうべきだ、いまのうちに大量に殺すのが救済である。そのように徹底的にアジテーションを行いました。自分で手は下していませんが、領主たちに殺害を勧めたことになります。これは、オウム真理教の麻原彰晃《あさはらしょうこう》のポアと同じ論理です。

ルターは、ドイツ全土が革命によって大変な混乱を招くよりは、制度は体制内的に改革していったほうがいいと考えました。人は変わることができる、だから、改革の余地はある。しかし革命は、人は変わらないものとして、ただちにそれを除去しようとします。その方法自体、やはり間違いではないのか。除去する前に人間を先に変えないといけない。ルターにあったのは、このような形での「人間中心主義」でした。

ルターはこうも考えました。ここに権力者、王者がいる。しかし、それよりも司祭がえらい。ところがルターによれば、司祭というのは誰でもなれるものです。万人が司祭であり、民衆が司祭になれます。すると、司祭である民衆は王よりえらいということになります。民衆がいないと王はいない。民衆が王と認めないと、王は存在しえない。これはつきつめればマルクスの考え方ですが、その原型はルターにあるということです。

国を安定させるためには、正しい宗教を持った人間が正しい生き方をして、信仰のみという生き方をすればよい。信仰のみで生きればそれに行為が伴ってくるわけだから、そうした生き方をすることで社会を変えて、国家を変えないといけない。このような考えです。

その前提として、祭司は王者に勝る。権力者よりも祭司が上である、それをまず理解しないといけないと、次の第十六でルターは強調します。

自分の「行為」を誇ることは「信仰」を失うことである

しかもその上にわれわれは祭司なのである。これは王者たることよりも遥かにまさっている。なぜというに祭司職は、われわれをして神の前に進みいでて他の人のために祈願するに価いする者たらしめるからである。神の御顔の前にたって祈願するということは祭司以外の何人にも許されないことであるが、ただキリストがわれわれをとらえて、あたかも祭司が身体的に人々に代って進みいでて祈願するように、われわれは霊的におたがいのために進みいでて祈願することをえさせたもうたのである。従ってキリストを信仰しない者には何ものも働いて役だつことなく、彼はすべてのものの奴隷であり、何ものにも妨げられ躓かざるをえないのみでなく、彼の祈願は受け容れられないし、神の御顔の前に価いしないのである。誰がこのようなキリスト者の栄誉と尊貴とを考えいだすことが出来るか。キリスト者は王者たることによって万物を支配し、祭司たることによって神をも動かす。というのは詩篇に「神は己れを畏れる者の願いをみたし、その祈りを聴きたもう」とあるように（百四十五篇十九）、神はキリスト者が祈願し求めるものを行いたもうからである。そしてキリスト者がこのような栄誉に達するのはただ信仰を通してであって、どんな行いによるのでもない。ここからキリスト者はあらゆるものから自由であり、あらゆるものの上に立ち、従って義とされ祝福されるためにいかなる善行をも必要としないで、却って信仰が彼にすべてのことを充ち溢れるばかり豊かにもたらすとのことを、明かに確知しうるであろう。そしてもし彼が愚かにも、善行によって義とされ自由になり祝福を受けようとし、すなわちキリスト者になろうと思うなら、あたかも一塊の肉片を口に咬えながら水中に映った自分の影に飛びついて、肉と影とを共に失ったあの犬のように、彼はすべてのものと共に恐らく信仰をも失うであろう。

（前掲書、二八〜二九頁）

やや錯綜《さくそう》していますが、わかると思います。最後は有名な「イソップ物語」の寓話です。肉を咥《くわ》えた犬が橋を渡っていたら、川に自分の姿が映った。しかし、別の犬がいい肉を咥えているように見えた。俺によこせと吠《ほ》えたら、自分の肉が川に落ちてしまい、肉を咥えていた別の犬、つまり自分の姿も消えてしまいました、という話を踏まえています。

ルターは、「行為」によって救われようと考える人は、この犬と同じだと説きます。ワンと吠えてしまったら、「信仰」が失われる。自分の「行為」を誇ることは「信仰」を失うことにつながってしまうと戒めています。

権力者、王者よりも祭司は勝っているとします。なぜ祭司が勝っているかといえば、祭司は自分のために生きていない、ということが前提だからです。祭司は人のために生きている。人の悩み、人の願いを神さまに取り次ぐのが祭司の仕事です。例えば、前回も触れたマーティン・スコセッシ監督の『沈黙―サイレンス―』という映画について、カトリックが見ると異端的と捉《とら》えるのではないかと言う人がいますが、そのような人はカトリシズムの何たるかがわかっていません。あれは、典型的なカトリックの信仰です。

キチジローは幕府の弾圧によって棄教してしまった後でも、繰り返し、告解の祈りを求めます。新しい祭司に、とりなしの祈りをしてもらいます。プロテスタントならば、自分ひとりで祈ればいいのですが、そうはなりません。祭司は自分のために祈っているのではありません。人のために祈っています。他者のためにその存在があるのです。そこで、祭司の無私の精神が、神を動かすという話になる。いま読んだところでルターが引いた詩編の言葉どおりです。「神は己れを畏《おそ》れる者の願いをみたし、その祈りを聴きたもう」。

神を畏れ、自分を無にして、他者のために生きるという生き方、それを実践できるから、祭司は特別な存在であり得るのです。では、祭司は特別な人だから、キリスト教の世界でいうところのレイ（lay）、平信徒よりも上の人かと一般には思われるでしょう。確かにカトリックにおいては上だという感覚はあるでしょう。ギリシャ正教においても同様です。

しかし、それをひっくり返してしまうルターの特徴がよく表れているのが、次の第十七です。

プロテスタント教会に「聖職者」がいない理由

然らばキリスト教界において、かように彼等がすべて祭司であるとすれば、祭司と平信徒との間には一体どういう区別があるのかと問う者があるかも知れない。私はこう答える。祭司とか僧侶とか聖職者とかこの種の用語が一般の人々から取りのけられて、今や聖職者階級と呼ばれる少数の人々にしか適用されなくなったという事実が、これらの用語法を不当ならしめたのであると。聖書には、学者たちや聖職者たちを単に奉仕者、僕、執事と呼んで、つまり他の人々に向ってキリストと信仰とまたキリスト教的自由とを説教すべき任務を負う者となしているだけで、それ以外に何の差別をも認めていない。

（前掲書、二九〜三〇頁）

だから、プロテスタント教会には「神父」はいません。「聖なるもの」はそもそもいません。「聖職者」が、プロテスタント教会にはいないのです。教会にいるのは全員、教職者であり、一般信徒との関係はフラットです。教えに通暁しているだけであって、聖なる者ではありません。聖なる者は神だけ、そして、神のひとり子であるイエス・キリストだけということです。

ルターははっきりと問いかけます。聖書に帰ってみよう、聖書のどこに聖職者などと書かれているのですかと。確かに司祭はいる、長老はいる、執事はいる。しかし、「聖なる人間」など、どこにもいない、そのような役職はないと強調します。聖書に書いていないような役職は、キリストが制定したものではないと考えるのです。

「最もやくざな人たち」

なぜならわれわれは成るほどすべてが同じように祭司ではあるが、しかしわれわれすべての者が奉仕し事務に携わり説教するわけにはゆかない。故にパウロはコリント人への第一の手紙第四章に「わたしたちは人々から、キリストに仕える者、福音の執事以外の何者とも思われたくはない」と語っている（四章一）。然るに今やその執事職から現世的外的な、輝かしい威厳ある主権と権力とが発生し、正当な地上の権威でさえどんな方法をもってしてもこれと匹敵することができなくなり、平信徒のごときはほとんどキリスト教的信徒とは別の者ででもあるかのようにされるにいたった。そのためにキリスト教的な恵みも自由も信仰も、またわれわれがキリストから受けるあらゆるものについての理解が全く失われ、キリスト自身さえも奪い去られ、その代りとしてわれわれの得たのは夥しい人間的な律法と行いとに過ぎないで、われわれは全く地上において最もやくざな人たちの奴僕となってしまったのである。

（前掲書、三〇頁）

最後の「最もやくざな人たち」というのは、いうまでもなく神父や聖職者、カトリック教会です。日本のいわゆる広域暴力団のようなものとは決別したほうがいい、という発想です。

確かに、いきなりみんなが説教をできるわけではありません。説教するには一定の訓練を受けている人でなければいけません。しかし、長老がそれをするにしても、それはあくまでも機能分担だということです。あるいは、事務やマネジメントができて、カネを集める役割は執事です。しかしこれも、機能分担の一つにすぎません。

ところが、いつの間にかそうしたカネを集めるところに権力が生まれ、権力が肥大して、ローマ・カトリック教会においては官僚化した聖職者階級というのが出来上がってしまいました。彼らは一般の信徒をないがしろにして、平信徒はキリスト教徒ですらないと差別します。神父が上で、一般信徒は下と小馬鹿にするようになりました。だから聖餐《せいさん》式でも、平信徒にはワインを飲ませない。なぜなら、床にこぼすかもしれない。キリストの血をこぼしたら、それは神聖冒瀆《ぼうとく》になるから、と。

そして、この律法を守れ、この規則を守れ、あるいは巡礼に行かないのであれば代わりに行ってやるからカネを払えと言います。これは何かといえば、まさに「最もやくざな人たち」です。その「奴僕《ぬぼく》」のままでいるよりも、このようなものとは決別しないといけない。ルターはこう考えたわけです。

だから、信仰のみ、聖書のみ、恩恵のみ。こうした宗教改革の三原則を掲げ、もう一回、キリスト教を取り戻さないといけないと主張しました。ここに革命の発想はありません。あるのは、イエス・キリストの原点に戻るのだという復古維新的な発想です。新たな法律を制定するのではなく、新たに原点に回帰するという考え方です。

「神のヒューマニズム」が人間には体現される

少し途中を飛ばして、第二十三にいきます。

> この故に次の二つの命題が共に真実である。すなわち、善い義（筆者注・ただ）しい行為が決してもはや善い義しい人をつくるのではなく、反対に善い義しい人が善い行為をなすのである。
>
> （前掲書、三六〜三七頁）

善いことや正しいことをしたから、善い人や正しい人になるのではないのです。善い人であり正しい人だから、善いことや正しいことを行うのです。では、善い人や正しい人はどういう人かといえば、信仰を持っている人です。信仰に忠実な人は善き人だから、善き行いをすることができる。そこから、偽善を排除していくわけです。

次には、悪い行為がもはや決して悪い人をつくるのではなく、悪い人が悪い行為を生ずるのである。つまりどんな場合にも人格が、あらゆる善い行為にさきだってあらかじめ善且つ義しくなければならないのであり、善い行為がこれに従い、義しい善い人格から生ずるのである。

（前掲書、三七頁）

悪い行為をすることが悪い人をつくるのでない、悪い人だから必然的に悪い行為をする、ということです。どのような場合にも、人格が重要ということです。その人格から、結果はすべて出てきてしまいます。本来、キリスト教は、ヒューマニズムには結び付きにくいのです。なぜなら、あくまでも「神中心」的だからです。しかし、信仰のみ、信仰を経由したところから、いわば「神のヒューマニズム」が人間には体現されると考えます。これがプロテスタント的な人間主義の考え方です。

では、ルターにとって、国家との関係はどうなるかといえば、人間を変えることが先です。正しい信仰によって人間を変えれば、行為が変わってくる。正しい行い、正義を追求していけば、それによって社会構造は変わっていくと考えるわけです。そして、善き国が現れてきます。もし善き国が現れない場合は、為政者、権力者に自分たちの影響を、極力行使しようと努めます。

例えば、会社の中で自分がそれをできないのであれば、会社のもっと上に働きかける。それができないのであれば、社会全体でいろいろな改革の可能性、人間自身の変化の可能性というのを探究していく。それでも変化せず、本当のギリギリまで来たときには、力によって現行の制度を転覆することができる。しかし、それは理論的にはありうるけれども、実質的にはありえないため、どこかで人間のほうが変わる。これがルターの考え方です。その意味では、ルター派の国家観もまた、保守的です。

例えば、右手と左手は別であると説きます。神の王国と地上の王国があり、その二つの王国は、右手と左手のように確かに両方あるけれども、基本的に右手は左手にはならないのだから、どこまでも区分して見ていかなければならない、という考え方です。

もしも、左手がからだ全体を壊すような、ひどいことをしている場合になれば、そのときは左手の除去を考えなければいけません。しかし、それはほんとうにギリギリの場合であって、それ以外の場合には、国家には国家の機能があるのだから、そこで監視の機能を怠らず、内部から変化していくようにしなければならない。それがルターの国家観です。

だから、カルヴァンのような神聖国家をつくらなければならない、という考えとは違います。ルターは、自分たちが考えている理念を実現したような国家を地上につくらなければならない、という発想にはなりませんでした。革命以外の方法によって、危機を乗り越えようとする。あくまでも人間中心です。人間にもう一回目を向けて、人間を変化させていくという方向に向かったのです。

『立正安国論』の問答形式に注目する

今度は日蓮を読んでいきましょう。

まず、前回と今回ここまで、日蓮の『立正安国論《りっしょうあんこくろん》』とルターの『キリスト者の自由』の二つを読み比べてみて、テキストのスタイルの違いに気がついたでしょうか。

『キリスト者の自由』では第一、第二、第三……、『立正安国論』では第一段、第二段、第三段……と、段落を分けて、かたまりごとに自分の主張を展開していきます。しかし、『キリスト者の自由』は一人語りです。一方、『立正安国論』は、客が話をして質問を提示し、それに主人が答えるという問答形式になっています。

ただし、最後の第十段だけが問答形式を取っていません。この段では客だけが話しています。前の段まで、客は主人の考えに反対で、いろいろな議論を挑んでいました。しかし、第十段になると、客は全面的に主人の考えに同意していますから、もはや主人と区別する必要がないということです。

今回私は講談社学術文庫の訳で三回ほど読んでみました。しかし、このカバー裏の紹介文は誤解を招きやすい、と言えます。「『先《ま》ず国家を祈って須《すべか》らく仏法を立つべし』の真意を探る」とあります。ここだけ読むと「だから国家が第一、そのあとから仏教なのだ」という主張に読めてしまいます。しかし、これは誰の言葉でしょうか。客か主人か。客の言葉です。主人は「先ず国家を祈って須らく仏法を立つべし」という考えを取っていないのです。

ところが、『立正安国論』は一般的に、この部分を取り上げられて、国家主義を宣揚した内容と理解されています。そして、田中智學《たなかちがく》や国柱会《こくちゅうかい》と結び付けられて論じられていますが、それは『立正安国論』のテキストの構成をしっかり読んでいないために起きている、と言えるでしょう。

客の言葉「先ず国家を祈って須らく仏法を立つべし」は反対命題であって、国家主義を優先するようなあり方ではない、と日蓮は主張したいわけです。にもかかわらず、それが日蓮の主張であると、基本的なテキストの読みがなされずに独り歩きしてしまっている。これは『立正安国論』の不幸なところです。

『立正安国論』も『キリスト者の自由』も、背景にある問題は国家です。いまの国家はおかしいから、なんとかまともにしなければいけない、という考えです。先ほど読んできたように、ルターは国家を正面から論ずるのではなく、教会のあり方を論じています。やくざの集団のようになっている教会を、イエス・キリストの教会に戻さなければいけない、それによって社会を変え、結果として国家を変えていこうという構成になっています。

日蓮はどうでしょうか。少し構成は違いますが、結論としては、ルターにきわめて似ています。例えば僧侶の役割に関しても、僧侶と一般の信徒は、日蓮にとっては機能分担です。万人僧侶説が出てくるようなその根は、日蓮にもあります。それからこの「立正安国」という命題自体、国家を前提にして国家を祈って何かをやるということではありません。しっかりとしたドクトリン、しっかりとした仏法を打ち立てることによって、国家を変えていくということです。そのため、ルターとよく似ています。ここに世界宗教の鍵《かぎ》があるともいえるのです。日蓮の仏教が世界宗教化していく方向性を持てるのは、そうした普遍性にこそあると思います。

「先ず国家を祈って須らく仏法を立つべし」を解釈する

少し間を飛ばして第七段を読んでみましょう。それまでの段も、現代語訳がついているので自分自身で読んでみてください。

【読み下し】

客則ち和《やわら》ぎて曰く、経を下《くだ》し僧を謗《ほう》ずること一人《いちにん》として論じ難し。然れども大乗経六百三十七部二千八百八十三巻、幷《ならび》に一切の諸仏・菩薩及び諸《もろもろ》の世《せ》天《てんとう》等を以て、捨《しゃ》・閉《へい》・

閣《かく》・抛《ほう》の四字に載《の》す。其の詞《ことば》勿論なり、其の文顕然《けんねん》なり。此《こ》の瑕瑾《かきん》を守りて其の誹謗を成《な》す。迷いて言うか、覚《さと》って語るか。賢愚《けんぐ》弁《わか》たず、是非定め難《がた》し。但し災難の起りは選《せん》択《ちゃく》に因《よ》るの由《よし》、盛んに其の詞《ことば》を増し弥《いよいよ》其の旨を談ず。所詮、天下泰平国土《こくど》安穏《あんのん》は、君臣の楽《ねが》う所土《ところど》民《みん》の思う所なり。夫《そ》れ国は法に依《よ》って昌《さか》え、法は人に因《よ》って貴《たっと》し。国亡《ほろ》び人滅せば、仏《ほとけ》を誰《たれ》か崇《あが》むべき、法を誰か信ずべきや。先《ま》ず国家を祈って須《すべか》らく仏法を立つべし。若《も》し災《わざわい》を消し難《なん》を止《とど》むるの術《じゅつ》有らば聞かんと欲す。

（佐藤弘夫全訳注『日蓮「立正安国論」』講談社学術文庫、二〇〇八年、一二八頁）

「先ず国家を祈って須らく仏法を立つべし」という箇所に、線を引いておきましょう。

【読み下し】

主人曰く、余は是れ頑愚《がんぐ》にして敢《あえ》て賢を存せず。唯《ただ》経文《きょうもん》に就《つ》きて聊《いささ》か所存を述べん。抑《そもそも》治術《ちじゅつ》の旨《むね》、内外《ないげ》の間《あいだ》に其の文幾多《もんいくばく》ぞや。具《つぶさ》に挙《あ》ぐべきこと難《かた》し。但し仏道に入《い》りて数《しばしば》愚案《ぐあん》を廻《めぐ》らすに、謗法《ほうぼう》の人《ひと》を禁《きん》じて正道《しょうどう》の侶《りょ》を重んぜば、国中安穏《こくちゅうあんのん》にして天下泰平ならん。

【現代語訳】

客はすっかり態度を和らげていった。

「法然上人が本当に経典をけなし僧侶を誹謗したのか、私一人ではなんとも判断がつきかねる。しかし、法然上人が大乗経典六三七部、二八八三巻、さらには一切の仏・菩薩・諸天に対する信仰を、「捨」「閉」「閣」「抛」の四文字を揚げてみな放棄させようとしていることは、法然上人自身の言葉をみるに疑問の余地がない。あなたは法然上人の、玉に瑕《きず》ともいうべきこのわずかな欠点をあげて、激しい批判を行っている。これは血迷ってのたわごとにすぎないのであろうか、それともすべてを悟った上での言葉なのであろうか。私にはあなたが賢者なのか愚者なのか、正しいのか誤っているのか、なんとも判断がつきかねる。

ただ、災難の根源が法然上人の『選択集』にあることを、あなたはしきりに強く主張しておられる。結局のところ、天下の泰平と国土の安穏こそは君臣の求めるものであり、民衆の願うものである。国は法によって繁栄し、仏法はそれを信ずる人によって輝きを増す。国が滅び人が尽きてしまったならば、いったいだれが仏を崇め、だれが法を信ずるというのか。それゆえ、仏法を宣揚するにあたって真っ先に願うべきことは、仏法存続の基盤である国土と人民の安泰でなければならない。もし災いを消し難を止めるすべをご存じであれば、ぜひともお聞かせ願いたいものだ。」

主人は答えていった。

「私は頑迷な愚者に過ぎず、賢明な方策を知っているわけではない。ただせっかくのお申し出であるので、経文をあげていささか思うところを述べようと思う。

さて、国を治める施策は、仏法でも仏法以外の分野でも、数えきれないほど説かれている。すべてをあげることなどとてもできない。しかし、仏道に入ってつらつら対策を考えてみるに、謗法の人を禁止して正道の僧侶を重んずれば、国中は安穏となり天下は泰平となるであろう。

（前掲書、一二八〜一二九、一三四〜一三五頁）

ここで、「先ず国家を祈って須らく仏法を立つべし」の解釈を、どのように考えるか。国家と仏教の関係をどう考えるか。このテキストの訳注者である佐藤弘夫《さとうひろお》さんの解釈を見てみましょう。

もし日蓮のいう「安国」が、権力＝「王法」の安泰とは異なった意味で用いられていたとすれば、「先ず国家を祈って須らく仏法を立つべし」という言葉を、「仏法」に対する国家＝「王法」の優先を説くものと捉える今日の定説的解釈は、その前提が崩壊する。

結論からいうと、これは確かに客の発言ではあるが、その内容は日蓮自身の思想を端的に表明するものだ、というのが私の主張の第一点である。客はここで主人に反対する意見を述べたのではなく、この段階での両者の一致点を確認したにすぎない、と考えるのである。しかし、日蓮の立場そのものではあっても、戦前にいわれたような意味での国家中心主義や〈王法為本〉（筆者注・おうほういほん）を説いたものではない、とするのが私の主張の第二点目である。

この文が日蓮自身の思想を反映するものだとすれば、いったいどのように解釈されるべきなのであろうか。この点について、従来、これは「国家」と「仏法」という対概念を立てて、後者に対する前者の優位（王法為本）を説いたものだと解釈されてきた。

だが、その前の部分で客が、「国は法によって繁栄し、仏法はそれを信ずる人によって輝きを増す」と発言していることを見落とすわけにはいかない。「国」は「法」によって繁栄するとはっきり断言しているわけだから、その直後にまた国と仏法とを対比して、仏法より国家を優先すべきだといった議論を蒸し返しているとは考えられない。先にも述べたように、正しい仏法の興隆なくして安国もないというのが、主人・客両者の議論の前提だった。

以上の考察を踏まえて、「先ず国家を祈って須らく仏法を立つべし」という文の意味を考えてみると、これは個人の往生や菩提などを祈るよりも、我々の住んでいる国土の安穏と人々の平和な生活を優先して考える必要がある、という主張として読むことができる。客はここで、国が滅亡し人が死滅してしまえば、だれも仏法を信仰する人などいなくなるのだから、国家滅亡の危急に瀕しているいまは、何を願うよりも、仏法存続の基礎となるべき国土と人民の安穏を祈らなければならない、と論じているのである。これが、社会全体が平和にならなければ個人の救済もありえないとする、日蓮の立場そのものの端的な表明であることは明白である。

（前掲書、三八～四〇頁）

佐藤さんの文体は複雑ですが、国家主義の言説だという解釈です。国家というものがあり、初めて仏教もある。だから、何よりも国家の安寧が重要である。個人の成功ではなく、国家の安寧、国家の存続、その枠組みをきちんと祈ることが、仏教発展の前提であり、だから仏教に基いた形での国家がないといけない。一種の循環論法です。では、国家と仏教どちらが根源かといえば、国家がなくなれば、元も子もないと解釈しています。その根源は客の発言であるのに、これを主人である日蓮の発言という形で理解しているためです。

これとまったく逆なのが、池田大作《いけだだいさく》さんの解釈です。前回の講義でも話しましたが、『立正安国論』は日蓮が佐渡に渡る前、初期の著作です。そのため、どちらかというと身延《みのぶ》系の日蓮宗の人たちは、この著述の解読や解説をしません。佐渡に渡って以降の著述さえ読んでおけば、日蓮の仏教はわかるから、ということでしょう。だから池田さんが『立正安国論』を仏教と国家の関係で読んだことは、その点でも興味深い。『池田大作全集』の二十六巻です。


国が滅《ほろ》び、人々が死んでしまったならば、仏法もまた滅ぶほかないのであるから、まず国家、社会を安定して、しかるのちに仏法を立てるべきであるとの客の言葉である。客すなわち、政治が主であって、宗教は従であるという考え方が、この根底にある。客とは時の為政者《いせいしゃ》、北条時頼になぞらえているのであるから、これは当然であったかもしれない。

また、この当時、国↑法↑人↑国という連環において、国が破滅の危機にさらされていたことから、これをいかに守り「安国」を実現するかが、焦眉《しょうび》の急となっていたことも事実である。

今日においても、こうした考え方は、むしろ当時以上に支配的となっている。たとえば「政治体制を変革しなければ、民衆の幸福はない」等の議論である。

その底流には、宗教をたんに気休めや、形式や、精神修養ぐらいにしか考えない、宗教についての根本的な無智《むち》があることは言うまでもない。

「政治が先だ」と言う人は、それでは政治のみによって戦争を絶滅《ぜつめつ》し、真実の恒久平和《こうきゅう》と民衆の幸福を実現できるであろうかと考えてみるべきであろう。過去の歴史をたどってみるならば、暗澹《あんたん》たるものをおぼえずにはいられまい。

しかも、いつの時代の、どの国の民衆も、平和を望む心に変わりはない。だが独裁者《どくさいしゃ》の野望と権力の前に惨《みじ》めに屈服《くっぷく》し、独裁者もまた、自らの心の憎悪《ぞうお》と恐怖《きょうふ》のために、戦乱のなかに自滅していったのである。

戦争を憎《にく》み、平和を渇望《かつぼう》するのも人間の心である。戦争を起こし、戦争で利益と名誉を願うのも人間の心である。この人間の心を動かし、狂気を追放して正気を貫く人々の有智の団結によってこそ人々の幸福のための不可欠の基盤というべき平和世界の実現は、勝ち取られるのである。その場合、人間の英知をどのように発揮させることができるかという点で宗教の浅深、思想の高低が影響をもってくるのであり、これによって、国家社会、ひいては全世界の安危が決まることを知らなければならない。このことは、主人の後段における主張によってしだいに明らかにされるのである。

エラスムスは言った。「戦争は、獣の為にこそあれ、人間の為にはない。実に兇悪なものです」（渡辺一夫訳『痴愚神礼讃』岩波書店）と。だが、その獣を真に人間にする法はどこにあるであろうか。——東洋仏法の真髄《しんずい》、日蓮大聖人の大仏法こそ、その最も根源の秘法である。

ゆえにわれわれは、日蓮大聖人の大仏法を世界に流布し、生命の尊厳と、絶対平和の思想を、全人類世界の指導理念とすることこそ、永遠に崩れざる恒久平和への直道《じきどう》なりと確信するのである。

（池田大作『池田大作全集　第二十六巻　講義』聖教新聞社、一九九〇年、一四一〜一四二頁）


佐藤弘夫さんとは逆の解釈です。

客が言っていることは権力者側の話であり、日蓮大聖人の考えではないと明言しています。このような形で、国家がなければ宗教もないというのは、それは宗教の力に対する過小評価である。宗教は人を変えることができる。社会も変えることができる。国家も変えることができる、そのように読んでいます。

同じテキストから、まったく逆の解釈が出てきています。佐藤さんの解釈よりも、もっと国家優先が強まると、田中智學や国柱会の論理になり、宗教よりも国家である、国のために命を捧《ささ》げることこそが宗教の役割だ、という方向になっていきます。

『立正安国論』というテキストの構成は、客と主人の主張がはっきり分かれています。もし日蓮が、自らの主張をはっきり伝えたいのであれば、果たして、客の立場の言葉を自らの主張であるように書くでしょうか。

同時に大事なことは、国家か宗教かという問題に対するダイレクトな答えが、このテキストでは明示されていないということです。ある意味、体《たい》をかわしているとも読めます。それによって日蓮は、位相が違う問題なのだと、異化効果をこの書に強く籠《こ》めたのではないかと私は見ています。

それにしても『立正安国論』に関する研究は、これからこそ必要でしょう。佐藤弘夫さんは、テキストに即し、その構造に則《のっと》ったうえで、日蓮は客の中に自分の主張を紛れ込ませる形で議論していると言っています。しかし、通常は客と主人に分けるのであれば、客に反対尋問させて、それに対する答弁の中で自分の主張を展開するものではないでしょうか。客が言っている部分であるにもかかわらず、それが実は日蓮の考えなのだと結論づけるためには、もっと論証が必要ではないかと思います。

第十段にいたって、客と主人の問答形式がなくなっています。客だけになり、客は全面的に主人の考えになっています。この構成から考えても、後半の第七段で「先ず国家を祈って須らく仏法を立つべし」は、客が主人の考え方を代弁しているとは考え難《にく》いと思います。

モンゴル来襲の予測

では、第九段に行きましょう。

【読み下し】

客則ち席を避け襟を刷《つくろ》いて曰《いわ》く、仏教斯《こ》れ区《まちまち》にして旨《し》趣《しゅ》窮《きわ》め難《がた》く、不審多端《たたん》にして理非明《あき》らかならず。但《ただ》し法然聖人《ほうねんしょうにん》の選択《せんちゃく》は現在なり。諸仏・諸経・諸菩薩・諸天等を以て、捨閉閣抛《しゃへいかくほう》に載《の》す。其の文顕然《もんけんねん》なり。茲《ここ》に因《よ》りて聖人《しょうにん》国を去り善神所《ぜんじんところ》を捨て、天下飢渇《きかつ》し世上疫病《せじょうえきびょう》すと。いま主人広く経文を引きて明らかに理非を示す。故《ゆえ》に妄執《もうしゅう》既に翻《ひるがえ》り耳目《にもく》数《しばしば》朗《ほが》らかなり。所詮《しょせん》国土泰平天下《てんか》安穏《あんのん》は、一人《いちにん》より万民《ばんみん》に至るまで好む所なり、楽《ねが》う所なり。早く一闡提《いっせんだい》の施《せ》を止《とど》め永く衆《しゅ》の僧尼の供《く》を致し、仏海《ぶっかい》の白浪《はくろう》を収《おさ》め法山《ほうざん》の緑林《りょくりん》を截《き》らば、世は義農《ぎのう》の世と成り国は唐虞《とうぐ》の国と為《な》らん。然《しか》して後《のち》、法水《ほっすい》の浅深《せんじん》を斟酌《しんしゃく》し、仏家《ぶっけ》の棟梁《とうりょう》を崇重《そうじゅう》せん。

主人悦《よろこ》びて曰《いわ》く、鳩化《はとか》して鷹《たか》と為《な》り雀《すずめ》変じて蛤《はまぐり》と為《な》る。悦ばしきかな、汝蘭室の友に交《まじわ》りて麻畝《まほ》の性《しょう》と成《な》る。誠に其の難を顧みて専ら此《こ》の言《ことば》を信ぜば、風和《やわら》ぎ浪《なみ》静かにして不《ふ》日《じつ》に豊年ならんのみ。但し人の心は時に随いて移り、物《もの》の性《しょう》は境《きょう》に依りて改まる。譬《たと》えば猶《なお》水中の月の波に動き、陣前《じんぜん》の軍《いくさ》の剣《つるぎ》に靡《なび》くがごとし。汝当座《とうざ》は信ずと雖《いえど》も後《のち》定めて永く忘れん。若《も》し先《ま》ず国土を安んじて現当《げんとう》を祈らんと欲せば、速かに情慮《じょうりょ》を廻《めぐら》し悤《いそ》ぎ対治を加えよ。

所以《ゆえ》は何《いかん》。薬師経の七難の内、五難忽《たちま》ちに起り二難猶《なお》残せり。所以《いわゆる》他国侵逼《しんぴつ》の難・自界《じかい》叛逆《ほんぎゃく》の難なり。大集経《だいじっきょう》の三災の内、二災早く顕《あらわ》れ一災未だ起らず。所以《いわゆる》兵革《ひょうがく》の災なり。金光明経《こんこうみょうきょう》の内、種種の災過《さいか》一一《いちいち》に起ると雖《いえど》も、他方怨賊《おんぞく》国内を侵掠《しんりゃく》する、此の災《さい》未だ露《あらわ》れず此の難未だ来《きた》らず。

（佐藤弘夫全訳注『日蓮「立正安国論」』講談社学術文庫、二〇〇八年、一五二～一五三頁）

いま読んだ最後のところが、モンゴルの侵攻を予測したと言われる有名な箇所です。

現状追認への批判

【読み下し】

仁王経《にんのうきょう》の七難の内、六難今盛《さか》りにして一難未だ現《げん》ぜず。所以《いわゆる》四《し》方《ほう》の賊来りて国を侵《おか》すの難なり。「加之《しかのみならず》国土乱れん時は先ず鬼神《きじん》乱る。鬼神乱るるが故に万民乱る」と。今此の文《もん》に就きて具《つぶさ》に事《こと》の情《こころ》を案ずるに、百鬼早く乱れ万民多く亡《ほろ》ぶ。先難《せんなん》是《こ》れ明らかなり、後災《こうさい》何ぞ疑わん。若し残る所の難、悪法の科《とが》に依りて並《なら》び起り競《きそ》い来《きた》らば、其の時何《いかん》か為《せ》んや。帝王は国家を基《もと》として天下《てんか》を治め、人臣《じんしん》は田園を領して世上《せじょう》を保つ。而《しか》るに他方の賊来りて其の国を侵逼《しんぴつ》し、自界叛逆《じかいほんぎゃく》して其の地を掠領《りゃくりょう》せば、豈《あに》驚かざらんや、豈騒がざらんや。国を失い家を滅《めっ》せば何《いず》れの所にか世を遁《のが》れん。汝須《すべか》らく一身《いっしん》の安堵《あんど》を思わば、先ず四表《しひょう》の静謐《せいひつ》を禱《いの》るべき者か。

就中《なかんずく》、人《ひと》の世《よ》に在るや各《おのおの》後生《ごしょう》を恐る。是《ここ》を以て或《あるい》は邪教を信じ、或は謗法《ほうぼう》を貴《たっと》ぶ。各《おのおの》是非に迷うことを悪《にく》むと雖も、而も猶《なお》仏法に帰《き》することを哀れむ。何《なん》ぞ同じく信心の力を以て、妄《みだ》りに邪義《じゃぎ》の詞《ことば》を宗《あが》めんや。若し執心《しゅうしん》翻《ひるがえ》らず亦《また》曲意《きょくい》猶《なお》存せば、早く有為《うい》の郷《ごう》を辞して必ず無間《むけん》の獄《ごく》に堕ちなん。所以《ゆえ》は何《いかん》。大集経《だいじっきょう》に云《いわ》く、「若し国王有りて無量世において施《せ》・戒《かい》・恵《え》を修《しゅ》すとも、我が法の滅せんを見て捨てて擁護《おうご》せざれば、是《かく》の如く種《う》うる所の無量の善根《ぜんごん》悉《ことごと》く皆滅失《めっしつ》して、乃至《ないし》、其の王久しからずして当《まさ》に重病に遇《あ》い、寿終《じゅじゅう》の後《のち》大地獄に生ずべし。王の如く夫人《ぶにん》・太子・大臣・城主・柱師《ちゅうし》・郡主・宰官《さいかん》も亦《ま》復《た》是《かく》の如くならん」と。仁王経に云く、「人《ひと》仏教を壊《やぶ》らば、復《また》孝子無く、六親《ろくしん》不和にして天神《てんじん》も祐《たす》けず、疾疫《しつえき》・悪鬼日《ひび》に来りて侵害し、災怪《さいけ》首尾《しゅび》し、連禍縦横《れんかじゅうおう》し、死して地獄・餓鬼・畜生に入らん。若《も》し出《い》でて人と為《な》らば兵奴《ひょうぬ》の果報《かほう》ならん。響《ひびき》の如く影の如く、人の夜書《しょ》するに火は滅すれども字は存するが如く、三界の果報も亦《また》復是《かく》の如し」と。法華経第二に云く、「若《も》し人《ひと》信ぜずして、此《こ》の経を毀謗《きほう》せば、乃至、其の人命終《みょうじゅう》して、阿《あ》鼻《び》獄《ごく》に入らん」と。又同第七巻不軽品《ふきょうぼん》に云く、「千劫《せんごう》阿鼻地獄において大苦悩を受く」と。涅槃経に云く、「善友を遠離《おんり》し正法《しょうぼう》を聞かず悪法に住せば、是《こ》の因縁《いんねん》の故に沈没《ちんもつ》して阿鼻地獄に在りて、受くる所の身形《しんぎょう》縦横八万四千ならん」と。広く衆経《しゅきょう》を披《ひら》きたるに専ら謗法《ほうぼう》を重しとす。悲しきかな、皆正法《みなしょうぼう》の門《もん》を出《い》でて深く邪法の獄《ごく》に入る。愚かなり、各《おのおの》悪教の綱《つな》に懸《かか》りて鎮《とこしえ》に謗教《ほうきょう》の網《あみ》に纏《まと》わる。此《こ》の曚霧《もうむ》の迷い、彼の盛焔《じょうえん》の底に沈む。豈《あに》愁《うれ》えざらんや、豈苦しからざらんや。汝早く信仰の寸心《すんしん》を改めて速《すみや》かに実乗《じつじょう》の一善《いちぜん》に帰《き》せよ。然《しか》れば則ち三界は皆仏国《みなぶっこく》なり。仏国其れ衰えんや。十方《じっぽう》は悉く宝土《ほうど》なり。宝土何ぞ壊《やぶ》れんや。国に衰微《すいび》無く土《ど》に破壊《はえ》無くんば、身《み》は是《こ》れ安全にして心は是れ禅定《ぜんじょう》ならん。此《こ》の詞《ことば》、此の言《こと》、信ずべく崇《あが》むべし。

（前掲書、一五三〜一五五頁）

この全体を通じて日蓮は、法然に対して大変に厳しい批判をしています。気をつけないといけないのは、浄土宗を物理的に排斥せよとは主張していない、ということです。力で追い出せではなく、理論的に見て法然の教えは間違っているのではないかという批判です。激しい物言いはするけれども、理非を明らかにするところで留《とど》めています。

なぜ法然にこれほど焦点を当てるかといえば、法然自身はすでに亡くなっていましたが、当時その思想が最もすぐれていて、最も力があったからです。天変地異や飢饉、疫病があいついで起きた当時の危機状況の中で、もはや末法の世だ、もうこの世にまったく希望はない、それゆえ念仏を唱えることによって来世を信じよう、そこにすべてのエネルギーを注ぎこもうという考え方が大衆にわかりやすく、広く伝わっていたからです。

しかし、この考え方は、大衆にわかりやすいと同時に、既存の権力のあり方を追認してしまうことに結び付きやすくなります。権力者が現状への対処策を講じないですむからです。キリスト教で言うと、ルターからあとの時代に Pietismus（敬虔《けいけん》主義）という考え方が出てきます。これはルター派、カルヴァン派の双方から出てきます。

「信仰即行為」という要素は初期のルター派にはありましたが、しだいに弱まります。一方、カルヴァン派のほうは、むしろ後になるほど、どんどん強くなっていきます。しかし、それは疲れるという人々も出てきます。人間のこと、この世の中のことをすべて受け止め、常に「此岸《しがん》」で責任を持って対処することは正しいが、疲れてしまうのです。そこで、もっと内面に、安心した領域に入りたいということから、敬虔な心が重要であるという考え方が出てきます。そのような形でプロテスタントの「信仰のみ」を考え直すようになりました。この考え方をグッと推し進めていくと、例えば三浦綾子《みうらあやこ》さんが『ちいろば先生物語』（集英社文庫）で描いた榎本保郎《えのもとやすろう》のアシュラム運動のような方向にもなります。あれも、一種の敬虔主義的な動きです。

しかしこのような方向性は、宗教が人間の全体を捉えるときに、彼岸と此岸に分けて、彼岸の領域だけを極度に重視するのはおかしいのではないか、という問いかけを再度生みます。もっとはっきり言うと、現実にこの世で起きている問題を解決できない宗教に、あの世の問題を解決できるはずはないという批判になります。これがプロテスタントの主流派の考えであって、Pietismus（敬虔主義）に対しては批判的になるのです。そうした批判と、日蓮による法然批判は、少し似た構成だと思います。

ライバルは弾圧しないが利益になるようなこともしない

この第九段の現代語訳を、最初から読んでみましょう。

【現代語訳】

　ここまで聞いて、客は座から下り襟を正し、端座していった。

「仏の教えはさまざまであって、その真意を究めることは容易ではない。まだ不審な点も多く、どれが正しくどれが誤っているかも明白ではない。しかし、法然上人の『選択集』はいま目の前にあり、そこでは諸仏・諸経・諸菩薩・諸天をみな「捨」「閉」「閣」「抛」すべきであるとはっきりと主張されている。

　この著作が原因となって聖人は国を去り、善神はこの地を捨てて、天下は飢饉に襲われ、疫病が蔓延している。あなたはいま広く経文を引いて、明確にことの理非を示された。私の妄執はあなたの教えによって翻り、正道に復帰することができた。

（前掲書、一五五〜一五六頁）

この「正道に復帰する」というところは、ルターと似ています。先ほどみたように、『キリスト者の自由』でも、ルターは道をもう一度真っ直ぐにして、既存の宗派が「やくざ集団」になっているのを正道に復帰させる、おかしくなったドクトリンを戻すという考え方でした。

【現代語訳】

思うに国土が泰平であり天下が安穏であることは、上は国王から下は万民に至るまでそれを願わない者はない。速やかに謗法者に対する布施を止めて、長きにわたって多くの正法の僧尼に供養し、仏教界に巣くう賊を退治するならば、世は中国の聖代である伏《ふっ》羲《き》・神農《しんのう》のそれのごとき理想の社会となり、国は尭《ぎょう》・舜《しゅん》の治世のごとき平和な時代を迎えるであろう。その上で、仏教のさまざまな教えの浅深をよく見極め、棟梁と仰ぐべき最高の教えを崇めるとしよう。」

（前掲書、一五六頁）

客はついに、「いや、私はあなたの考えはよくわかった」と言っています。いままでは念仏を信じて、法然のドクトリンが正しいと思っていたが、それが間違えているというのがわかりました、ということです。しかし、だからといって、日蓮は客に一転してそういう間違ったドクトリンの連中は排斥します、そのために戦いますとは言わせません。あくまでも、彼らに利益供与をしないというふうに考えさせます。やれることはそこまでであって、それ以上の排斥活動や弾圧は考えさせない。これはある意味では競争原理の導入です。

排斥はしない、しかしライバルの利益になるようなことはしないというのは、いまの企業活動では当たり前です。日蓮はこのような形で、対立する人たちがいる場合の問題解決をしています。利益供与をしないのが上限だという考えを、客に提起させているのは面白い。カール・シュミットが言うような、友と敵に分けて敵を殲滅《せんめつ》することを宗教の目的とはしていない、ということです。

「鬼神」はいつの時代にも暗躍している

これに対する主人の答えを読んでみましょう。

【現代語訳】

主人は喜んでいった。

「鳩が変化して鷹となり、雀が蛤に変身するというのは、まさにこのことである。まことに喜ばしいこと限りがない。あなたは正法をたもつ友に交わって、いま麻の中に生える蓬《よもぎ》のように、まっすぐな正道に立ち返った。近年の災害を思い起こして、私の言葉を受け入れたならば、風は収まり波は静まって、たちどころに豊かな実りが実現するだろう。

（前掲書、一五六頁）

いつの時代でも、大切なのは友だちだということです。対話し、コミュニケーションを持つ。それがとても大切で、それによって道は正しくなったと言っています。

【現代語訳】

ただし人の心は時にしたがって移ろいやすく、物の性質は環境によって変化するものである。たとえば水に映った月が波によって揺らめき、戦場に臨んだ軍勢が敵の剣におののいて動揺するようなものである。あなたはこの場では私の言葉を信じたとしても、時が経てばきっと忘れてしまうだろう。もし国土を安穏にして現世と後生の安楽を祈ろうと心から願うのであれば、速やかに思慮を巡らし、早急に対策を講じる必要がある。

（前掲書、一五六〜一五七頁）

まさにルターに似ていませんか。「あなたの正しい考えはわかりました、正しい理念を持ちます、これからは信仰だけで」と言っている人に対し、「あなた、そう言っても少し時間が経ったら忘れるでしょう。『信仰即行為』でないといけないのです」と、諭しています。「そうでないと、いまわれわれが抱える問題は解決しません」と。この「われわれ」というのは、客と主人の問題であると同時に、まさにわれわれの問題です。皆さんはいま、タイムマシーンに乗って、鎌倉時代の二人の問答に立ちあっているのですから。では、そのわれわれが抱えている問題とは何でしょうか。

【現代語訳】

なぜなら、先にあげた『薬師経』の七難のうち五難はすでに起こったが、まだ二難が残っているからである。いわゆる「他国侵逼の難」(外国の侵略)と「自界叛逆の難」(内乱)である。『大集経』についていうならば、三災のうち二つは早々に出現したが、ひとつだけはいまだに起こっていない。いわゆる「兵革の災」(戦乱)である。

また『金光明経』で説かれるさまざまな災害は逐一発生しているが、「他方の怨賊が国内を侵略する」という難は現れていない。『仁王経』でも、そこに説かれる七難のうち六難はいままさに盛んであるが、一難だけはまだ現れていない。「四方の賊が来襲して国を侵す難」である。

（前掲書、一五七頁）

つまり、モンゴルの侵攻です。それを日蓮は予測していました。いまはまだ「来襲して国を侵す難」は、起きてはいないけれども近い将来にやって来る。このままではたいへんなことになると、諫言《かんげん》をいくつも述べています。

【現代語訳】

『仁王経』にはまた、「国土が乱れるときにはまず鬼神が乱れる。鬼神が乱れるがゆえに万民が乱れる」という文がある。いまこの経文に照らして詳しく現状を分析すると、鬼神たちはすでにしきりに暗躍し、民衆が多く死亡している。これが前兆となる災いであることは明白である。これに続いて本格的な災害が起こることは、もはや疑問の余地がない。もしこれらの経典に説かれている未発の災害が、悪法流布を契機として一挙に生じたならば、いったいどう対処するというのか。

（前掲書、一五七頁）

「鬼神」は、いつの時代にも横行します。例えば、いまの永田町《ながたちょう》あたりにも集まっています。

最近の国会を見れば明らかに乱れていて、これも鬼神のなせるわざかもしれません。国が乱れるとき先行して現れる鬼神が、すでにしきりに暗躍をしています。その意味では、最悪な事態がこれから来るという前兆ともいえます。

行為の天井を設ける

【現代語訳】

帝王は国家を基盤として天下を治め、人民は田園を領有して世を渡っている。異国の賊が来襲してその国を侵略し、内乱が起こって土地を略奪されるような事態になれば、驚かずにいられようか。あわてずにいられようか。国が失われ家が滅んでしまえば、いったいどこに逃げるというのか、あなたが自身の安全を確保したいと願うのであれば、まず国土全体の静謐を祈ることが不可欠なのだ。

この世に生きる人々がとりわけ恐れているのは、死後のことである。だからこそ、ある者は極楽往生を説く法然の邪義を信じ、正法を謗（筆者注・そし）る教えを貴んでいる。彼らがそれぞれ仏法の邪正に迷っているのは憎むべきことだが、仏法に救いを求めるその心情は哀れである。同じく仏法を信仰するならば、邪義ではなく正しい教えに帰すべきである。もしその執着の心が翻ることなく、いつまでも誤った教えを信奉していれば、早々にこの世界を去って必ずや無間地獄に堕ちるだろう。

（前掲書、一五七～一五八頁）

「死後」の話が出てきました。この世は非常に厳しい。その状況で死後のことを考えるというのはよくわかる。だから、法然のような極楽浄土を説く思想を、みんな信じるのであろうと、いったん理解を示してみせます。しかし、主人から、つまり日蓮の立場から見れば、それは間違ったドクトリンです。ただし、仏教の中にはいろいろな流れがあることを認めます。まず「仏教に救いを求める」ことが重要であり、その中で正しい仏教を信じるか、そうでない仏教を求めるかを判断させようとするのです。

ここも、ルターに似ていないでしょうか。ルターもまた、カトリック教会を全否定しているわけではありません。同じようにイエス・キリストが救いであるという考え方があり、その考えに従っていこうとしていることは、認めます。しかし、カトリック教会の中には、よけいな連中が交じっています。巡礼に行けないなら代わりに行ってやるからカネを払えなどと脅す「やくざ坊主」の組織があります。彼らが本来の教えを曲げているから、正しい教えを実践しているところに来い、そう諭すわけです。キリスト教を信じるというのはいい、しかし、ルターはキリスト教なら何でもいいというわけでなく、カトリックよりも自分たちの正しい教えを学びなさいといい、一方、日蓮は仏教なら何でもいいわけではなく、法然よりも自分が伝える正しい教えを学びなさいと言っています。

これは自己絶対化のように見えます。しかし、宗教宗派というものは、本来こうあるべきものです。人の宗派も自分の宗派も同じぐらい正しいなどというのは、それは自分の宗派を信じていないからです。本当は、自分の宗派がいちばん正しいと思っていて当然でしょう。ただし重要なことは、そう思ってはいても、相手を殲滅してしまえばいいとまで思うかどうかです。

プロテスタントとカトリックは対立の末に、お互いを殲滅しようと思い、一六一八年から一六四八年まで三〇年戦争という大戦争をし、ヨーロッパ全土を廃墟《はいきょ》にしてしまいました。その結果が、宗教が権威である時代の終焉《しゅうえん》でした。ウェストファリア体制が始まり、世俗の権威が主流の時代になり、宗教は完全に信頼を失います。しかし、いまだにキリスト教というのは、そういった意味での対立を、暴力によって解決するという方向から、なかなか抜け出しきれていません。

それにしてもここの日蓮の発想、言葉は激烈です。激烈ですが、天井を設けています。自分と敵対する考えであっても支援をする。また、他者が自分たちと敵対する団体を支援していたとしても、その妨害はしない。そうした或る種の寛容の論理が、実は見られるのです。これは意外と軽視されていることですが、宗教宗派どうしが激しい戦いになったとき、どのようにして寛容性を担保するのか。そのときに、教祖あるいは開祖のドクトリンは重要になってきます。

キリスト教は本来、教祖、開祖の教えがきちんとできているはずですが、時代が下ってしまうと、世俗権力との結びつきが強くなりすぎてしまうのです。

「悪」のリアリティ

【現代語訳】

その理由を述べよう。『大集経』には次のように説かれている。「もし国王がいて、その王が数えきれないほどの過去世において布施・持戒・智恵の修行を積んできたとしても、我が仏法が滅び去ろうとするのを見捨てて守ろうとしないならば、それまで積み重ねてきた無量の善根はすべて消滅し（中略）王自身もまもなく重病を身に受け、死後は大地獄に生まれるであろう。王だけでなく、夫人・太子・大臣・城主・師匠・郡主・役人もみな同じ運命を辿ることだろう。」

『仁王経』には次のように説かれている。「人がもし仏法を破るようなことがあれば、孝行な子にめぐまれることなく、親族は不和になるだろう。天の神もその人を助けようとはせず、疫病神や悪鬼が毎日のようにやってきては悪さをするため、怪異現象が頻繁に起こり、災いが続き、死後は地獄・餓鬼・畜生の三悪道に堕ちるだろう。たまたま三悪道を出て人間に生まれることがあっても、いくさの奴隷の身となり、苦痛と恐怖を味わうだろう。この世界で受ける悪の報いはあたかも響きや影のように、決してこの身から離れていくことはない。それはまた人が夜書き物をしたとき、灯火を消しても文字は残っているように、いつまでも消え去ることはないのである。」

『法華経』の第二巻には次のように説かれている。「もし人が信ずることなくして、この経を謗ったならば（中略）その人は寿命が尽きて阿鼻地獄に堕ちるだろう。」第七巻の「不軽品」は次のようにいう。「千劫もの長い期間、阿鼻地獄ではなはだしい苦悩を受ける。」

また『涅槃経』には次のように説かれている。「良き友を遠ざけ、正法に耳を閉ざし、悪法に執着すれば、それが原因となって阿鼻地獄に沈み、縦横八万四千由旬《ゆじゅん》という巨大な身体を受けるであろう。」

広くさまざまな経典を繙《ひもと》いてみるに、どれももっぱら謗法（筆者注・ほうぼう）の罪を重視している。にもかかわらず、なんとも悲しいことに、人はみな正法（筆者注・しょうぼう）の門をでて、奥深き邪法の牢獄に捕われている。また愚かにも、悪い教えの綱に引かれ、長く謗法の網に捉えられている。こうした深い迷いのせいで、無間地獄の炎の底に沈んでいる。これをみてだれが心を痛めないでいられようか。苦悩せずにいられようか。

（前掲書、一五八〜一六〇頁）

「地獄」についての言及です。

プロテスタントの場合、地獄の解釈は、弱い。なぜなら、地獄がいかに恐ろしいところかという論理で人を諫《いさ》めることはしないからです。その論理はもう、カトリックがたっぷり使ってきたためです。地獄に触れるということは、まずその恐ろしさを言い、その次に地獄に行かないで済むためにはいくらいくらのお布施をしなさいというカトリックの語り口と、つながっています。それに対する忌避反応があるため、プロテスタントはほとんど地獄の話をしません。地獄とは、ダンテの『神曲《しんきょく》』（一四世紀前半成立）のイメージや概念から、ヨーロッパにおいては、ほとんど発展していません。

しかし、地獄の軽視は、ややもすると、悪を軽視することにつながります。どういうことかと言えば、ヨーロッパのキリスト教、カトリックとプロテスタントの根本的な問題として、原罪という考え方があります。罪から悪が生まれると考えるので、本来、悪についてはすごく敏感な宗教であるはずです。ところが、カトリシズムもプロテスタンティズムも、悪に関してやや鈍感になるのには、アウグスチヌスの影響があります。

アウグスチヌスは、「神が悪をつくったとするならば、それは神ではなくて悪魔ではないか」と考えました。だから、悪はそれ自体としては自立しておらず、善の欠如が悪であると考えました。例えば、穴開きチーズがあります。悪は、穴開きチーズの穴みたいなもので、すべて穴のないチーズができれば、悪はこの世からなくなる。いわば善が充満していないのが悪なのだ、という考え方です。

しかし、本来の悪とは、そのような甘いものではない。そう考えたキリスト教もあり、それはビザンツ神学に伝わりました。ロシア正教などに、悪のリアリティとして厳しい形で残りました。だから一九世紀に、ドストエフスキーが当時の西側世界、欧米に強いインパクトを与えるわけです。あれは悪のリアリティを描いているからです。

例えば『罪と罰』で、ソーニャは黄色い鑑札を持って体を売り、実父と継母《ままはは》と幼い妹を食べさせています。彼女は聖書を持って祈りを絶やしません。継母はその姿を見て手を握ってありがとうと言い、聖書を読み、祈る。しかし継母は、ソーニャが体を売って稼いできた銀貨はポケットに入れます。翌日になると、ソーニャはまた売春に出掛けていく。だから、深い悔い改めの信仰はあったとしても、心理的には変わらず、行動は全然改まりません。

これはまさしく悪の構造です。前半でルターのところでも触れた、「わたしは、自分のしていることが分かりません。自分が望むことは実行せず、かえって憎んでいることをするからです」という、パウロが言っていることをリアルに描いています。

ですから、日本の仏教で「地獄絵」が発達していることや、地獄、罰《ばち》の怖さを教えることは、ある種、ビザンツ神学に近いように思います。このことを無視してはいけません。学ばなければいけないことだと思います。悪のリアリティは、重要な問題です。

第九段の最後を読んでみましょう。

【現代語訳】

客よ、あなたは早く信仰の一念を改めて、ただちにまことの大乗の教えである『法華経』に帰依しなさい。そうすればこの三界はみな仏の国となるであろう。仏の国がどうして衰えることがあろうか。十方の地はみな宝土である。宝土が破壊されることなどあろうか。この世から衰微が消え去り、国土が破壊から解放されるならば、身は安全となり、心は安らかとなるであろう。この言葉を、ぜひとも信じて受け入れるべきである。」

(前掲書、一六〇頁)

ここで主人は、客に釘《くぎ》を刺しています。よくわかりましたねと言いながら、本当はよくわかっていませんねと言っている。「わかった」と言っているのは「わかってない」と言っていることだ、いまわかったつもりになっているけれど、すぐに忘れる。だから、行動で示さないといけないということになります。

「此岸」によって「彼岸」を吸収していく

最後の第十段に行きましょう。とても短い箇所ですが、難しいところです。結論にどのように持っていくか、それを考えるのは難しいからです。

【読み下し】

客の曰く、今生後生《こんじょうごしょう》誰か慎《つつし》まざらん、誰か恐れざらん。此の経文を披《ひら》きて具《つぶさ》に仏語《ぶつご》を承《うけたまわ》るに、誹謗《ひぼう》の科《とが》至りて重く、毀法《きほう》の罪誡《まこと》に深し。我一仏《われいちぶつ》を信じて諸仏を抛《なげう》ち、三部経を仰ぎて諸経を閣《さしお》きしは、是れ私曲《しきょく》の思いに非ず、則ち先達《せんだつ》の詞《ことば》に随《したが》いしなり。十方《じっぽう》の諸人も亦復《またかく》是の如くなるべし。今世《こんぜ》には性心《しょうしん》を労《わずらわ》し、来生《らいしょう》には阿鼻《あび》に堕《だ》せんこと、文《もん》明らかに理詳《つまび》らかなり。疑うべからず。弥《いよいよ》貴公《きこう》の慈誨《じかい》を仰ぎ、益《ますます》愚客《ぐきゃく》の癡心《ちしん》を開き、速かに対治《たいじ》を廻《めぐ》らして早く泰平《たいへい》を致《いた》し、先《ま》ず生前《しょうぜん》を安《やす》んじ更に没後《もつご》を扶《たす》けん。唯我《ただわれ》信ずるのみに非ず、又他《た》の誤《あやま》りを誡《いまし》めんのみ。

【現代語訳】

客がいった。

「今生の安穏と後生の成仏は、だれしもがそのために身を慎み、だれしもが心を砕くことである。経文を開き詳細に仏の言葉を承るに、法然上人の正法誹謗の過失はまことに重く、仏法を破る罪はまことに深い。私がこれまで阿弥陀一仏を信じて諸仏を棄て去り、浄土三部経を仰いで他の経典をないがしろにしてきたのは、自分自身の誤った判断というよりは、法然上人の言葉にしたがったものである。いま念仏を信じる天下の人々もまた、きっと私と同じであるに違いない。

このままでは、今世にはいたずらに心を悩ませ、来世に阿鼻地獄に堕ちることは経文に照らして明らかであり、その道理も明白である。もはや疑問の余地はない。

今後はあなたの慈愛のこもった教えを仰ぎ、私の愚かな心を開いて、速やかに対策を講じて天下の太平を実現し、それによって今世の安楽な生活を成就しよう。その上で、後生の成仏を目指すことにしよう。私一人が信ずるだけでなく、他人の誤りを目にしたときにはそれを戒めることにしたい。」

（前掲書、一六四〜一六五頁）

これが、日蓮の結論です。

天下の太平を実現して、いまの世の安楽な生活を成就することが、何より大事である。まず世俗、此岸的な問題を解決する。そのうえで、後生の成仏を目指すことにしよう。「此岸性」によって「彼岸性」を包摂していくのである。こうした日蓮の考え方は、当時は新しかったことでしょう。そして、日蓮の教えが現代においても生きることができるのは、恐らくここにあると思います。「此岸」によって「彼岸」を吸収していく考えです。

ドイツの有名な宗教学者で、ルドルフ・オットーという人がいます。『聖なるもの』（岩波文庫）で近代の特徴について述べています。それは聖なるものが「彼岸」から「此岸」に来ることだと書いています。すでに一九世紀末から二〇世紀の初めに、現代の宗教の特徴は「此岸性」であると指摘しています。まさにそのとおりなのです。

さて、鎌倉時代の宗教の特徴は、「此岸」ではなく「彼岸」に向かっていく念仏という教えです。しかも、この教えは法然だけでなく、そのあとには親鸞《しんらん》、あるいは一遍《いっぺん》が現れます。

室町《むろまち》時代にはさらに蓮如《れんにょ》という傑出した宗教指導者も登場します。こうした人たちが続々と出てくるように、「彼岸」を浄土と捉える阿弥陀信仰は、日本のメインストリームです。しかし、そのメインストリームには「此岸性」に対する軽視があり、それゆえに生まれる悪い意味での保守性があり、あるいは原則なきラジカリズムがあるといえるのです。

しかしこの第十段には、そうした問題の追究を避けつつ、バランスを取っていく中庸を説く政治観、倫理観が表れていると思います。だからこそ面白い。ただし、論理の展開という点から見ていくと、前の第九段と第十段とには、大きな飛躍があります。この飛躍を埋めるためには、いろいろと論理的に整理していかなければなりませんが、それは私の力に余ります、それは、教学を専門にしている日蓮仏法の専門家の仕事です。

「隣人をあなた自身と同じように愛しなさい」の本意

ルターの結論も、みていきましょう。『キリスト者の自由』の第二十九です。

以上の論述から誰でもが、あらゆる行いと誡めとについて正確な判断をなし、また聖職者の何れが盲目暗愚であり、あるいは正しい理解を有するかを識別することができるであろう。なぜなら人が神に背き逆らうよう強制しない限り、他の人に奉仕しあるいはその意志をなさしめるように己れの行為をむけないとしたら、それは決して立派なキリスト教的な行いとはいえない。ここから聖会、教会、修道院、聖壇、ミサ、寄進が必ずしもキリスト教的ではないし、更にまた断食やある聖者に特にささげられた祈禱もそうではないかという懸念が生じてくる。なぜならこれらすべてのことにおいて何人もただ己れのことのみを求め、かくて己れの罪過をつぐなって祝福されると自惚（筆者注・うぬぼ）れているのではないかを、私は恐れるからである。これらすべてはひとえに信仰及びキリスト教的自由の無理解から由来している。そしてある盲目な高僧たちは人々をここに導いてこれらのことを称讃し、贖宥（赦免状）を以て飾り立てはするが、決して信仰を教えようとはしない。けれども私は勧告する、あなたがもし何かを寄進献納し、祈願し、断食したいと思うなら、あなた自身に善いことを求める意図をいだくことなく、他の人々がこれを喜びとすることのできるように惜みなく施しあたえ、彼等に益するようにこれを行うべきである。

（マルティン・ルター著、石原謙訳『新訳 キリスト者の自由・聖書への序言』岩波文庫、一九五五年、四七～四八頁）

つまり、寄進や献金、チャリティといったことはすべて、「これをすれば、自分が救われるのだ」と思って行えば、それはもう意味がないということだ。これは「行為義認」といって、行為によって見返りを得るという考え方で、信仰とはまったく関係ありません。神を信じる、イエス・キリストを通じて神を信じる、ということの本質は何かと言えば、イエスの教えたこと、「隣人をあなた自身と同じように愛しなさい」（「マタイによる福音書」ほか）ということです。誰かに寄進する、誰かを助けることには、意味があります。しかしながら、自分の食べ物を削って誰かを助けるというのは、キリスト教的、プロテスタント的には美徳とはされません。どうしてかといえば、「あなた自身を愛するように」なので、身を削ってまでということにはならないからです。

自分も大切にするし、他者も大切にする。もちろん人間は、自分と他者とは完全にイコールになりません。それでも、極力イコールに近づけていくことが愛であり、つまり神を信じることなのだ、そういう言い方をしているのです。

「隣人」とは具体的なものである

そうしたらあなたは真のキリスト者である。あなたは信仰において既に充分であり、その点で神からすべてを与えられているときに、あなたにとって過剰な財宝と善行とが、あなたの身体を支配し且つ養うのに一体何の用に役だつとなすのか。

見よ、このようにして神の財宝は一人から他者へと流れ注いで共有せられ、おのおのがその隣人をあたかも自分自身であるかのように受け容れなければならない。財宝がわれわれのうちに注がれるのはキリストからであり、キリストは彼自から、われわれのあるところのものであるかのように、その生命のうちにわれわれを受けいれたもうたのである。故にこれはまたわれわれから、これを必要とする人々の中に注がるべきであり、あたかもキリストがわれわれすべてのために行いたもうたように、私は私の信仰と義とをさえも私の隣人のために神の前にささげてその罪を掩い、私自からに荷ない、これが私自身のであったかのように行う以外のことを行ってはならないのである。

（前掲書、四八〜四九頁）


ここは、「使徒言行録」でパウロが紹介しているイエスの言葉で説明しましょう。「受けるよりは与える方が幸いである」（「使徒言行録」第二〇章、三五）。そのような人間でありなさいということです。

しかし、そのためには「与える」ものがないといけません。それは、どこから来るのか。自分の能力というものは、自ら鍛錬しないといけません。ただし、がんばることができる能力、自分の適性とは、神から与えられたものです。だから「受けるよりは与える方が幸いである」というのは、神から得たものを、神へ返すということです。しかし、われわれはダイレクトに神に返すことはできません。だから、隣人に返すのです。

その「隣人」とは、抽象的な「人」ではありません。目の前に見える人。しかしその「目の前」というのは、時にはバーチャルな空間であってもいいのです。雑誌など何かで目にした、アフリカで飢えそうになっている子どもかもしれません。その子どもを支援できるのであれば、子どもは「目の前に見える人」です。ですから「隣人」というのは、いくらでもその意味では広がるのであって、抽象的なものではありません。むしろ具体的でないといけないのです。

もう少し詳しく言うと、「信仰即行為」には寄進も含まれています。例えば、道で立ち止まると隣に物乞《ものご》いをしている子どもがいる。自分のポケットにはカネが有り余っている。そのときに何もしないというのは、キリストの教え「隣人を愛しなさい」に従っていないということになります。しかし、そうした方法だけでなく、具体的な文脈でできる行為は何でもあります。

家庭でもそうです。ある男がいて、どれほど彼が信仰に熱心だとしても、奥さんを常に殴ったり、家庭内で暴君のように振舞っていたとすれば、それはその男の信仰がおかしいのです。だから信仰がしっかりしていれば、行為もしっかりする。しかし、その行為はこうなのだと、一義的には言えないところがプロテスタンティズムです。文脈によります。

ここが理解しにくいところでしょうが、それぞれの人が抱えている個別の状況があり、その状況から行為は出てくるのです。あなたが「隣人を愛する」といった場合、どのように愛すでしょうか。自分の奥さんへの愛し方と、隣の家の奥さんへの愛し方は、違っていて当然です。同じように愛したら、むしろいけません。こうやればいいというマニュアルはありません。むしろ、マニュアル化はできない、しかし、状況によって愛することのリアリティをつかんでいくというところが、プロテスタンティズムの強さです。

典型的な行為というのはありません。人は殺してはいけません。しかし、もしもあなたが戦場にいて、隣人が銃で撃たれて、腸が飛び出しているとします。隣の戦友はものすごく苦しんでいて、近くには衛生兵もいない。まず助かる可能性はない。そのようなとき、自分の戦友の頭を撃ち抜いて苦しみから早く楽にしてあげるという行為は、殺人には違いありませんが、この文脈においては愛の行為かもしれません。もちろんこれは、極端な例です。しかし、典型的な行為などはないということです。個別の文脈、状況によります。

ルターも日蓮もテキストの重要性を強調する

先に進みましょう。

見よ、これが愛の本性なのであり、それの真実な場合のそれなのである。しかし愛が真実であるのは、信仰が真実な場合にである。この故にかの聖なる使徒はコリント人への第一の手紙第十三章に、「己れのものをではなく、隣人に属するものを求める」ということを（十三章五）、愛に固有なこととして教えているのである。

（前掲書、四九頁）

最後の部分に入ります。

以上の全体から次の結論が生ずる。曰く、キリスト教的な人間は自分自身においてではなくキリストと彼の隣人とにおいて、すなわちキリストにおいては信仰を通して、隣人においては愛を通して生活する。彼は信仰によって、高く己れを超えて神へと昇り、神から愛によって再び己れの下に降り、しかも常に神と神的な愛とのうちにとどまる。キリストがヨハネ伝福音書第一章に、「あなたがたは、天が開けて天使たちが人の子の上に昇り降りするのを見るであろう」と言われたのはそれである（一章五十一）。

見よ、これが、心のあらゆる罪と律法と誡めとから自由ならしめるところの、真の霊的なキリスト教的な自由であり、あたかも天が高く地を超えているように、高くあらゆる他の自由にまさっている自由なのである。神よ、われわれをしてこの自由を正しく理解し且つ保つことをえさせて下さい。アーメン。

（前掲書、四九頁）

これが、ルターの結論です。では、その「真の霊的なキリスト教的な自由」は、どこから知ることができるのでしょうか。聖書しかありません。

もしもキリスト教で帰依する対象を言うのならば、それはイエス・キリストです。それはそうですが、プロテスタンティズムにおいては、具体的な規範は聖書です。もっとも、「帰依」は仏教語です。サンスクリット語では「南無」になります。つまり「南無阿弥陀仏」は「阿弥陀仏に帰依する」という意味です。それでいえば、プロテスタンティズムとは「聖書に帰依する」のですから、「南無聖書」ということになります。

これも、日蓮と似ています。日蓮は法華経《ほけきょう》に帰依する。だから「南無妙法蓮華経《みょうほうれんげきょう》」です。法華経というテキストが規範。偶像ではなくテキストの重要性を説いているところは、聖書というテキストが規範であるプロテスタンティズムと日蓮宗とが、よく似ている点だと思います。

もう一つ重要なことがあります。仏教でほかの宗派は、法然宗や親鸞宗、あるいは最澄《さいちょう》宗とは言いません。日蓮系の宗派だけが、日蓮宗であれ、日蓮正宗であれ、日蓮世界宗であれ、日蓮という名前が付きます。固有名詞が重要だということです。これはキリスト教 Christianity が、イエス・キリスト Jesus Christ という固有名詞をもとにしているのと同じです。韓国のプロテスタントの一部はイエス教という言い方をしますが、どの国であっても、「イエス」あるいは「キリスト」という呼び名から離れません。これは日蓮宗であれキリスト教であれ、宗教による救済というものが、具体的な名前、固有名詞と結び付いていることを意味していると思います。

時空を経て、お互いにはコミュニケーションを取らなかった日蓮とルターではありますが、危機の時代における危機認識はよく似ています。二人とも、人間の改造、変化が先決といいます。抽象的に変わるのではなく、人間の実態が変わることによって、社会が変わっていく。そして、社会が変わっていくことによって国家が変わっていくのだ、という考えです。

人間を変えることで国家を変えていく。あくまでもその方向性を追求すべきであって、革命という方向は極力避けるという考え方です。政治の革命ではなく人間の革命。二人にはともに、こういう傾向が認められるのです。

日蓮にある両義性、ルターにある両義性

私もある時期まで、キリスト教の側から見て、日蓮よりも親鸞に関心を持っていました。確かに親鸞の他力信仰、外からの力というものに、キリスト教的な印象を抱いていました。しかし、ここ数年日蓮の著作をじっくり読む機会が増えてみると、その文脈の中から逆に、キリスト教は単なる他力として考えたらいけないと感じるようになりました。キリストの教えこそ「他力即自力」であると思うからです。

そして、「彼岸」から「此岸」へということを考えると、どうしても世の中に対し、どう責任を持っていくかということを考えるようになっていきます。そうなると、宮沢賢治《みやざわけんじ》についても、もう一度読み直さなければいけないとも思っています。賢治が、熱心な浄土真宗信者の両親に育てられ、或る時期まで念仏信仰だったのに、法華経信仰に移っていったことの意味です。そこにどういう必然性があったのかという問題です。

これからの時代は、乱世です。そうした激動が日本の中で起き、その状況にどのように対応するかというとき、日蓮に対する再評価が起きてくるはずです。その再評価は、常に二義的、両義的なものとなるでしょう。

一方においては、まずイエを主体にし、クニを、国家を強化していく方向性です。その際、

佐藤弘夫さんはマイルドですが、もっと強く、社会の成り立ち、宗教の成り立ちと国家主義の方向から、日蓮を解釈していこうとする人が出るでしょう。

もう一方は、先ほどその解釈を読んだ池田大作さんが言うような、逆の方向性です。人間を変えることで宿命を転換していくという考え方です。そのうえで社会を変えて、国家を変えていくのだという方向性。日蓮の名前を同じように使いながら、このように、両義的な評価が鮮明になっていくように思います。

また、キリスト教の立場から世界の危機を乗り切ろうとする場合も、やはり両義的です。一方は、ルターの宗教改革に帰っていく、プロテスタンティズムの形を受け継ぐやり方で人間を変え、対話を重視していくという考えです。もう一つは一種の聖戦論によって、イスラムのテロなどは叩き潰せという考えです。実は、カトリックの本音はそこにあると思います。アメリカの宗教右派と呼ばれる勢力の考え方も同じです。

同じキリストという名前を使いながら、争いを加速する方向と、和解の方向と、そのような両義性、二つの方向性がさらに進むでしょう。しかしこれが、世界的な広がりを持つ普遍宗教の宿命なのです。キリスト教にしてもそうですが、日蓮の仏法が世界宗教となる過程では、必ず両義的な形で出てきます。その中での切磋《せっさ》琢磨《たくま》があるはずです。

どれほど大喧嘩をするときでも越えてはいけない一線がある

両義性は、一つの宗教の中での話ではありません。イスラムにおいても同じです。キリスト教においても、仏教においても同じです。キリスト教の言葉を使うと、ファンダメンタルな人たち（Fundamentalist）がいます。自分たちの言っていることが絶対に正しく、他者は間違えている、だからチャンスがあれば、他者を殲滅したいと思っている人たちです。一方、エキュメニカルな人たち（Ecumenist）がいます。人間が住んでいるところでは、すべて対話が可能なのだと考える人たちです。それぞれの人たちがカトリックにもいるし、正教にもいるし、プロテスタントにもいます。

これは仏教でも同じでしょう。浄土真宗の中にも、日蓮宗の中にも、天台宗の中にも、法相宗の中にも、エキュメニカルな傾向の人たちもいれば、ファンダメンタルな傾向の人たちもいるはずです。エキュメニカルな感覚を持っている人たちは、お互いにネットワークをつくり、相互理解を進めていく方向に進むはずです。だから、エキュメニカルな人たちによって、同じ宗教の中のファンダメンタルな人たちに影響を与えていくというのが、たぶん現実的なのかもしれません。

そこで、日蓮とルターをあらためて比べてみますと、一見、日蓮のほうが戦闘的なように見えます。しかし、ルターのほうがずっと戦闘的であることがわかります。カトリック教会に関して、歩み寄る余地がありません。それにルターによれば、カトリック教会は最終的にはやくざ集団ですから、そうした集団にはやはり、暴対法（「暴力団員による不当な行為の防止等に関する法律」）を適用して殲滅するしかない、ということになってしまいます。

日蓮はどうでしょうか。最も攻撃している対象は法然です。いちばん間違っているのは、念仏を唱えている法然とその一派としています。しかし、日蓮のやり方は、彼らには布施をしなければいい、支援しなければいいということです。そこまでが天井であり、それ以上の戦闘的なことはしてはいけないと考えています。そこは、平和主義的な戦いの仕方です。この点が、今回読み直してみて、私が最も日蓮から学んだことです。どれほど大喧嘩《げんか》をするときでも、或る一線を越えてはいけない、ということを明示しなければならないのです。

なぜいま、日蓮なりルターなりを扱わないといけないかという問いは、トランプ現象を抜きにしては考えられません。トランプについてまだよくはわかりませんが、大変なことを引き起こす前兆はすでにあります。

それからもう一つは、テキストを読む練習です。テキストをじっくりと、丁寧に端から読んでいくことが大事です。どの本でもそうですが、最初の部分は特に、丁寧に読まないといけません。

どのような本であっても、著者は読者に読んでほしいですから、頭の部分は力を入れて、何度も推敲《すいこう》してつくっています。頭の部分を注意深くしばらく読み進めていけば、文章のスタイルや論理構成は、だいたいわかります。それがこの講義でできたのではないでしょうか。

ルターは予定説

さて、途中で悪について話しましたが、既に選ばれているというのは予定説につながっています。ルターは予定説なのです。予定説は、カルヴァンの立場のように言われていますが、実はルターも予定説で、その意味ではカルヴァンと同じです。一方、ルターの論理を集大成したメランヒトンという人がいます。この人は予定説を嫌い、人間の行為に対して、少しだけですが意義付けをしました。その結果、少しカトリックに近寄ってしまいます。

一般的には言われていませんが、この『キリスト者の自由』がまさに典型的な予定説のテキストです。善いことをする、悪いことをするというのは、生まれる前から決まっているのです。

原罪についても補足しておきます。原罪は、ある人とない人がいるのではなく、すべての人にあります。それを、現実において気づくか気づかないかという違いです。自分が罪びとだという自覚を持てるのは、選ばれた人だから持てるということです。

どの人の行為も、正しいという保証はどこにもありません。人間の行為には、絶対に正しいという保証はどこにもありません。ただ、一人ひとりの人間は自らの良心に従い、これが正しいということを行う、それはしないといけません。しかし、それが絶対に正しいかどうか、それはわからないのです。最後の審判になるまでわかりません。人間の行為に絶対に正しいことはないのです。すべて相対的です。原罪がある以上、あるいは原罪という考え方がある以上、人間の世界において確実なことは、何一つ存在しないということです。

強いていえば、確実なことは一つだけ存在します。人間は必ず死ぬということ。人間に死があるのも人間に原罪があるからです。死ぬこと以外、人間について確実に言えることは何もありません。キリスト教の考え方ではそのようになります。

為政者を感化する方向性

『立正安国論』はエリート、権力者、具体的には執権であった北条氏に向けて書かれたものです。時の執権が見ることを前提にしており、その意味では諫暁《かんぎょう》の書です。そして、周辺の人たちに対しても意思を伝えたいと考えています。

その意味でも、構成は魅力的だと思います。あなたがたが大切にしている法然のドクトリンがいかに危険なものであるのか。彼岸を思い、すべて念仏だけですむのか。現実がいま、見えないのか。国際情勢を虚心坦懐《たんかい》に見てみよ。直近に迫る国家の危機、モンゴルの襲来がある。こうしたリアリズムから外れて来世ばかり祈っていたらダメだということを、為政者に向けて強く言いたい。そのような思いから、彼らを意識して議論をしています。

だから、為政者の側、つまり客側に、まず何よりも国だと言わせています。「先ず国家を祈って須らく仏法を立つべし」という形で言わせています。しかしそれを否定するような主人の回答がありませんね。そこで、主人が「いや、違う、仏法が第一で、国家は二の次です」と明示的な回答をしたら、それは反逆罪になってしまうからです。

そこのところを、日蓮はうまく体《たい》をかわしているのです。『立正安国論』というテキストは「あなた、そうお考えでしょう」と示しながら、それに対するストレートな答えを添えていません。それゆえに、「国家が先か仏法が先か」という問題の重要さが際立ってくるのです。しかも、「二者択一ではなく、両方とも大切です」のような、ごまかしの答えも用意していません。もちろん日蓮の本音は、徹底的に仏法が先です。

何よりも日蓮のこの考えは、ルターの主張と同じという意味で興味深い。為政者に対する影響力行使を最後まであきらめていません。

革命ではなく、叛逆を訴えるのではない。民衆を煽《あお》り、叛逆を訴えるのはむしろ簡単です。しかし、それを実践してしまえば、今度はそこで新たな権力を握った民衆が、権力者になるだけです。それでは構造は変わりません。だから、民衆主体の政治を実現するためには、まず民衆の側が感化する力をつけて、そこから為政者を感化する方向性となります。政治革命、社会革命は避けようという、逆説的なドクトリンです。私が解釈した日蓮のドクトリンですが、これはきわめてルターに近いと思います。

来世を重視する思想はテロリストが扱いやすい

これはゲシュタルト（形態）の部分を変える。その力が宗教にはあるということです。もっとも、ゲシュタルトを変える方法は簡単です。死を担保にすればいいからです。死後の世界は永遠です、死後の永遠と有限の現実世界を比べたら、この世の中には意味はないという説明は、簡単にできてしまいます。しかし、これは恐ろしい。いまでもそういった思想を悪用しているのが、イスラム国でしょう。例えば、二〇一七年四月にサンクトペテルブルクの地下鉄で自爆テロが起きました。犯人は一ヶ月前までは普通の青年だったということです。

実は先般イスラエルから国際カウンター・テロリズム研究所（ＩＴＣ）の所長が来日しました。ボアズ・ガノールという人です。彼と話して驚きました。私は「短期間に普通の青年がテロリストになることは可能なのか」と訊《き》きました。すると「よくある話だ、条件は一つだけだ」と言うのです。テロリストたちは自殺したい人を捕まえる。失恋でも仕事の失敗でも借金でもいい、自殺願望のある人を捕まえるそうです。

自殺というのは人生の敗北です。人生に敗北して撤退しようという決意をしている人に対し、まず、あなたの行為そのもの、決断そのものはりっぱだと誉めそやす。そして、だけどいまのままでは敗残者として一生を終わってしまう。もしジハード（聖戦）のために死ねば、シャヒード（殉教者）になれる。これは自殺ではない、あなたは勝利者として今世を終える。そして普通は眠ってから来世に行くけれども、あなたはダイレクトに来世に行ける、そうそそのかすのだそうです。来世に行けばいくらでも酒は飲めるし、女も七二人処女がいてセックスができる。しかも女は、そのあと処女にまた戻る。なんでそれほど処女にこだわるのかわかりませんが……。とにかく、そういう楽園に行けるのだ、と言って自殺者をその気にさせてしまいます。死ぬ気になっていた人間は「ああ、そうか、俺は人生に敗北していたのではない、人生に勝利しているのだ」と思い込まされ、自爆チョッキを着て、向かっていく。

まともな宗教であれば、「何をおかしなことを言っているのだ。いま生きている中で、現実の問題を変えていかないとダメではないか」と言うはずです。もしもプロテスタンティズムならば、「いまはこうなのだからそれは仕方ない。あなたはこういう状況でこのようになっているから。しかし、それを変えていくように考えるのが信仰です」と教えていくでしょう。

イスラム国とは違います。来世を重視するという思想、方向性は、その意味においてテロリストには扱いやすいということになります。

優れた宗教思想には常に両義性がある

テロに関連して、日蓮主義についていえば、田中智學の場合はアマルガム（合金）です。その辺りは片山杜秀《かたやまもりひで》さんの『未完のファシズム』（新潮選書）が詳しいです。日本でなぜノァシズムが最終的には起きないのかという見立てをされています。田中智學は、一所懸命勉強しているけれども、近代的なナショナリズムの観点から日蓮を読んでいます。さらにこれも片山杜秀さんの仕事に沿って言いますが、田中のファシズムは三井甲之《みついこうし》の影響が大きい。三井はいまでは完全に無視されていますが、いわばミッシングリンクです。実は、彼は念仏信者で日蓮信者ではありません。

政治学者の中島岳志《なかじまたけし》さんによれば、三井甲之の『親鸞研究』は、親鸞の「他力」あるいは「阿弥陀仏の本願力」を「天皇の大御心」に読み替えています。「自力」を捨て天皇にすべてを任せればいいという意味での「絶対他力」の発想です。それは、建設的な発想を「自力」として否定し、徹底した破壊を行うという右翼テロリズムの思想につながります。あらゆる建設は不要で、テロによって必ず秩序が生まれてくるという考え方です。

また、テロリズムといえば、血盟団《けつめいだん》の井上日召《いのうえにっしょう》などは日蓮の影響を受けたと言われていますが、井上日召の中には深いものはありません。むしろ日蓮本人よりも、日蓮の誤った読み方をした田中智學たちのナショナリズムの影響を受けています。その組み立てには、親鸞経由のニヒリズムが入っています。

そのようなわけで、田中智學も日蓮は読んでいました。ただしもう一方には、牧口常三郎《まきぐちつねさぶろう》という創価教育学会の創設者がいた。絶対平和主義の方向に向かい、価値哲学の方向に向かった。その意味ではパラレルで、日蓮にも両義性は常にあると言っていいでしょう。

ここもまた、プロテスタンティズムと似ています。プロテスタンティズムは、常に何らかの形において分裂していきます。まあまあこの辺りでというふうには収拾しない。どちらも正しさを主張して、いくつも分裂していく。そのときの原因というのは、人間的な鬱屈《うっくつ》などより、基本はドクトリンです。ドクトリンの違いで分かれていっています。

ところで、一九七九年の映画『日蓮』には、鎌倉の市中で日蓮が辻《つじ》説法をしていると、石を投げられる場面があります。日蓮といえば辻説法ということでしょう。しかし、そもそも日蓮はほんとうに辻説法をしたのか、どこでしたのか、よくわかっていません。いま、鎌倉の小《こ》町《まち》に辻説法跡という碑がありますが、その碑は、明治時代に田中智學が建てただけで、文献的な根拠はありません。しかしその碑を見て、みんなそういうものかと思ってしまっています。

田中智學や石原莞爾《いしはらかんじ》は、日蓮の系統かどうかといえば確かに系統ですが、彼らにはもう一つ、ナショナリズムが強く入っています。しかし、これは日蓮経由ではありません。なぜなら、ナショナリズム自体が近代の宗教だからです。だから、コスモポリタニズムにつながる日蓮の読み方と、ナショナリズムにつながる日蓮の読み方があるのです。テキストを素直に読めば、日蓮には明らかに、コスモポリタニズムにつながる方向があります。

そうした両義性は、ルターも同じです。ルターから最大の影響を受けた人物といえば、ヒトラーです。ヒトラー自身、自分が最も尊敬する過去の偉人はルターだと言っています。そうすると、ルターが持っている極端な主観主義の中に、ナチズムにつながる要素があるということになります。結局、優れた宗教思想には、常に両義性があるということです。後世の解釈によって、ルターからものすごく危険なものも生まれてくるし、それは日蓮においても同じではないかと思います。

（二〇一七年四月二七日）

あとがき――モラル（道徳性）とモラール（士気）を再考する

本書には隠れたテーマがある。それは具体的人間関係の重要性だ。隣人とは抽象的概念ではない。目の前にいる具体的人間なのである。この単純な事実が、現下日本の政治エリート（政治家、官僚）には、見えていないようだ。

私は、元外務官僚、すなわち霞《かすみ》が関《せき》（官界）の住人だった。そのときの経験から、霞が関には四つのタイプの官僚がいると考えている。

第一は、能力も倫理観も高い官僚だ。
第二は、能力は高いが倫理観が低い官僚だ。
第三は、能力は低いが倫理観が高い官僚だ。
第四は、能力も倫理観も低い官僚だ。

霞が関は永田町《ながたちょう》（政界）に隣接している。この二つの世界はゲームのルールが異なる。私の見立てでは、永田町には四つのタイプの政治家がいる。

第一は、能力があり、やる気もある政治家だ。
第二は、能力はないがやる気だけはある政治家だ。
第三は、能力はあるがやる気のない政治家だ。
第四は、能力もやる気もない政治家だ。

この中で、「能力はないがやる気だけはある政治家（あるいはその配偶者）」と「能力は高いが倫理観が低い官僚」が結びつくと、国家にとっても国民にとっても不幸な事態になる可能性が高い。

過去に私は、能力はそれなりに高いが倫理観が低い外務官僚の実例をたくさん見てきた。赤坂《あかさか》の料亭で、鈴木宗男《すずきむねお》衆議院議員（当時）の眼前で、着物に手を入れて芸者の乳房をわしづかみにしようとして拒絶されると、畳の上に寝転んで「ぼくちゃんさびしいんでちゅ」と幼児言葉になり、おむつを替えてくれというポーズをとって両脚をばたばたさせる中堅幹部

（現在は某総領事）など、いわゆるエリートには規格外のすごい人たちがいることを目の当たりにした。

鈴木氏は能力の高い政治家なので、このような倫理観の低い官僚を信頼することはなかった。能力は高いが倫理観の低い外務官僚の実態について、ノンフィクションでは『反省――私たちはなぜ失敗したのか？』（鈴木宗男氏との共著、アスコム、二〇〇七年）、小説では『外務省ハレンチ物語』（徳間文庫、二〇一一年）に私は詳しく書いた。しかし、このような常軌を逸した輩《やから》は外務省だけではなく、財務省にもいるようだ。

二〇一八年四月一二日に「週刊新潮」が報じた、女性記者に対するセクハラ疑惑が安倍《あべ》政権を揺るがす深刻な問題になっている。財務省の福田淳一《ふくだじゅんいち》次官が同一八日に辞任の意向を示し、麻生太郎《あそうたろう》財務相がそれを認めたが、問題は全く解決していない。同一六日、財務省が公表した福田氏のコメントによると「お恥ずかしい話だが、業務時間終了後、時には女性が接客をしているお店に行き、お店の女性と言葉遊びを楽しむようなことはある」ということだ。

同一三日に新潮社がホームページに公開した音声データによると、福田氏とされる人物が「胸触っていい？」「予算が通ったら浮気するか」「抱きしめていい？」「手縛っていい？」などと話している。いったい、どういう言葉遊びをする店に福田氏は出入りしているのであろうか。想像するだけでおぞましい。

同一九日、午前零時からテレビ朝日の篠塚浩《しのづかひろし》取締役報道局長らが記者会見を行い、福田氏のセクハラ被害に遭ったのが同社の女性記者であると認めた。

〈会見によると、被害を受けていた社員は1年半ほど前から数回、取材目的で福田氏と一対一で会食をし、そのたびにセクハラ発言があったことから、「自らの身を守るため」、会話の録音を始めたという。社員は今月4日に福田氏から連絡を受け、取材のための飲食の機会があり、その際にもセクハラ発言が多数あったため途中から録音を開始。後日、上司にその事実を「報じるべきではないか」と相談したものの、上司は放送することで本人が特定され、二次被害が心配されることなどを理由に「報道は難しい」と伝えたという。〉

（四月一九日「朝日新聞デジタル」）

二次被害が心配されるという理由で報道を差し控えた、というテレビ朝日の説明は説得力に欠ける。自社の社員をセクハラ被害から守るために、少なくとも福田氏の担当から外すことは最低限しなくてはならない対応だったはずだが、それをした形跡がない。また、財務省にも会社として抗議すべきだが、この会見の時点でテレビ朝日は財務省に抗議を一切していなかった。そのようなことをすれば、絶大な権力を持つ財務省がテレビ朝日にだけ情報をリークすることを止め、「特落ち」が起きることを同社幹部が恐れたのではないかと私は見ている。

従業員に安全な就労環境を保証することは会社の責任であるにもかかわらず、テレビ朝日はその責任を果たしていない。

このテレビ朝日の会見後も、福田氏は「セクハラではない」と主張している。さらに福田氏のセクハラ疑惑の影に隠れて報道の扱いは小さくなったが、四月一八日、新潟県の米山隆《よねやまりゅう》一《いち》知事が「援助交際」の事実を認めて辞任した。辞任会見は歴史に残る常軌を逸した内容だった。

〈午後5時に秘書課長を通じて辞表を提出した。一身上の都合で知事の職を辞する。（週刊誌の）報道がなされ、県政に混乱を来した。けじめをとるために辞職を決意した。多くの方の信頼を裏切り、本当に申し訳ない。

――出会い系サイトで知り合った複数の女性と交際し、金品を渡したのか。

事実関係としてはその通り。私としては交際のつもりだったが、歓心を買うために金銭の授受もあった。知事になってからは2回会った。

——1回会うごとに3万円を渡していた？

その程度。金銭を渡すことで好かれたかった。そんなことで好かれようと思うこと自体がいけなかった。支払った総額は分からない。

——援助交際と言われることをどう思うか。

援助交際は漠然とした言葉だが、「売買春」ととられる可能性はあると思う。〉

（四月一八日「朝日新聞デジタル」）


米山氏は、買春と認識しながら複数の女性との関係を続けていたのである。いったい、公人としてどのような倫理観を持っていたのだろうか。

福田氏は神奈川県立湘南《しょうなん》高校—東京大学法学部、米山氏は私立灘《なだ》高校—東京大学医学部と、エリート中のエリートの道を歩んできた。福田氏も米山氏も司法試験に合格している秀才中の秀才だ。しかし、女性との関係で、なぜ常軌を逸した行動を取るのだろうか。

理由は簡単だ。中学生から三〇代前半までの人格が形成される時期に、具体的人間からの肯定的感化を米山氏も福田氏もあまり受けてこなかったからだ。

日蓮《にちれん》の時代にも能力はあるが腐敗した僧侶《そうりょ》、ルターの時代にもだらしない私生活をする神学者はたくさんいた。宗教改革者はモラル（道徳性）とモラール（士気）の両面においても優れている。このような優れた宗教改革者の感化を受けた優れた弟子たちが生まれてきた。学校教育でも社会人教育でも、その基礎となるのは師弟関係だ。本書から、日蓮とルターが優れた教育者であったことを読み取っていただければ幸甚だ。

本書を上梓《じょうし》するにあたっては、企画の段階から編集に至るまで株式会社ＫＡＤＯＫＡＷＡ文芸局学芸ノンフィクション編集部の岸山征寛《きしやまゆきひろ》氏にたいへんお世話になりました。深く感謝申し上げます。

二〇一八年四月二四日

佐藤《さとう》　優《まさる》

主要参考文献一覧

※編集部注・講義の内容を深く理解するために有益な文献も含む。復刻・新装版・新書版・文庫版と、リニューアルされている本や、各社で刊行されている書籍に関しては、入手しやすい最新の書誌を優先的に掲載するようにした。

青木孝平『「他者」の倫理学――レヴィナス、親鸞、そして宇野弘蔵を読む』社会評論社、二〇一六年
阿刀田高『やさしいダンテ〈神曲〉』角川文庫、二〇一一年
荒井献編『新約聖書外典』講談社文芸文庫、一九九七年
新井紀子『改訂新版　ロボットは東大に入れるか』新曜社、二〇一八年
新井紀子『ＡＩ vs.教科書が読めない子どもたち』東洋経済新報社、二〇一八年
池田大作『池田大作全集　第二十五巻　講義』聖教新聞社、一九八九年
池田大作『池田大作全集　第二十六巻　講義』聖教新聞社、一九九〇年
井上ひさし『箱根強羅ホテル』集英社、二〇〇六年

上原専禄『死者・生者——日蓮認識への発想と視点』未来社、一九七四年
内村鑑三『代表的日本人』岩波文庫、一九九五年
ウンベルト・エーコ『プラハの墓地』東京創元社、二〇一六年
大川周明『安楽の門』書肆心水、二〇一五年【原著・出雲書房、一九五一年】
大川周明『日本二千六百年史』毎日ワンズ、二〇一七年【原著・第一書房、一九三九年】
大澤真幸『日本史のなぞ——なぜこの国で一度だけ革命が成功したのか』朝日新書、二〇一六年
片山杜秀『未完のファシズム——「持たざる国」日本の運命』新潮選書、二〇一二年
柄谷行人『憲法の無意識』岩波新書、二〇一六年
柄谷行人『遊動論——柳田国男と山人』文春新書、二〇一四年
木谷佳楠『アメリカ映画とキリスト教——１２０年の関係史』キリスト新聞社、二〇一六年
北畠親房著、今谷明訳『現代語訳　神皇正統記』新人物文庫、二〇一五年
紀野一義、梅原猛『仏教の思想12　永遠のいのち〈日蓮〉』角川ソフィア文庫、一九九七年
共同訳聖書実行委員会『聖書　新共同訳』日本聖書協会、一九九六年
佐藤優『国家の罠——外務省のラスプーチンと呼ばれて』新潮文庫、二〇〇七年
佐藤優『宗教改革の物語——近代、民族、国家の起源』ＫＡＤＯＫＡＷＡ、二〇一四年
佐藤優『日本国家の神髄——禁書「国体の本義」を読み解く』扶桑社新書、二〇一四年

慈円著、大隅和雄訳『愚管抄』講談社学術文庫、二〇一二年
高橋和巳『邪宗門（上・下）』河出文庫、二〇一四年
ダンテ・アリギエリ著、原基晶訳『神曲（地獄篇、煉獄篇、天国篇）』講談社学術文庫、二〇一四年
中島岳志『親鸞と日本主義』新潮選書、二〇一七年
中野校友会編『陸軍中野学校』中野校友会、一九七八年
日蓮著、小松邦彰編『「立正安国論」「開目抄」ビギナーズ 日本の思想』角川ソフィア文庫、二〇一〇年
日蓮著、佐藤弘夫全訳注『日蓮「立正安国論」』講談社学術文庫、二〇〇八年
原武史『〈出雲〉という思想』講談社学術文庫、二〇〇一年
廣松渉『エンゲルス論――その思想形成過程』情況出版、一九九四年【原著・盛田書店、一九六八年】
藤代泰三『キリスト教史』講談社学術文庫、二〇一七年
フョードル・ミハイロヴィチ・ドストエフスキー著、亀山郁夫訳『罪と罰（1〜3）』光文社古典新訳文庫、二〇〇八〜〇九年
牧口常三郎『牧口常三郎全集　第十巻　宗教論集・書簡集』第三文明社、一九八七年
マルティン・ルター著、石原謙訳『新訳 キリスト者の自由・聖書への序言』岩波文庫、

一九五五年
三浦綾子『ちいろば先生物語（上・下）』集英社文庫、一九九四年
三井甲之『親鸞研究』東京堂、一九四三年
ミッキー安川『ふうらい坊留学記――50年代アメリカ、破天荒な青春』中公文庫、一九九九年
村上春樹『騎士団長殺し（第1部・第2部）』新潮社、二〇一七年
柳広司『ジョーカー・ゲーム』角川文庫、二〇一一年
山本七平『日本的革命の哲学――日本人を動かす原理』ＰＨＰ文庫、一九九二年
ルドルフ・オットー著、久松英二訳『聖なるもの』岩波文庫、二〇一〇年

編集協力　松澤　隆

本書は二〇一八年六月に小社より刊行した『「日本」論　東西の〝革命児〟から考える』を改題し、加筆修正したものです。

佐藤　優（さとう・まさる）

作家・元外務省主任分析官。1960年、東京都生まれ。85年同志社大学大学院神学研究科修了後、外務省入省。在ロシア連邦日本国大使館勤務等を経て、本省国際情報局分析第一課主任分析官として、対ロシア外交の最前線で活躍。2002年、背任と偽計業務妨害罪容疑で東京地検特捜部に逮捕され、以後東京拘置所に512日間勾留される。09年、最高裁で上告棄却、有罪が確定し、外務省を失職。05年に発表した『国家の罠』（新潮文庫）で第59回毎日出版文化賞特別賞を受賞。翌06年には『自壊する帝国』（新潮文庫）で第5回新潮ドキュメント賞、07年第38回大宅壮一ノンフィクション賞を受賞。『獄中記』（岩波現代文庫）、『宗教改革の物語』（角川ソフィア文庫）、『帝国の時代をどう生きるか』『国家の攻防／興亡』『「資本論」の核心』『日露外交』『勉強法』『思考法』『イスラエルとユダヤ人』（角川新書）、『復権するマルクス』（的場昭弘氏との共著、角川新書）、『宗教の現在地』（池上彰氏との共著、角川新書）など著書多数。

宗《しゅう》教《きょう》改《かい》革《かく》者《しゃ》
教養講座《きょうようこうざ》「日蓮《にちれん》とルター」

佐藤《さとう》　優《まさる》

2020 年 5 月 10 日　初版発行
2023 年 12 月 25 日　3 版発行

◆◇◇

発行者　山下直久
発　行　株式会社KADOKAWA
〒102-8177　東京都千代田区富士見 2-13-3
電話　0570-002-301（ナビダイヤル）

装 丁 者　緒方修一（ラーフイン・ワークショップ）
ロゴデザイン　good design company
オビデザイン　Zapp!　白金正之
印 刷 所　株式会社KADOKAWA
製 本 所　株式会社KADOKAWA

角川新書

ISBN978-4-04-082346-1 C0214